増補新版

通州事件

志学社選書
008

増補新版刊行にあたって
――『通州事件　日中戦争泥沼化への道』刊行後の通州事件論争史

本増補新版を読み進めるにあたり、通州事件についてまったく知らない読者の理解を助けるため、『国史大辞典』第九巻（吉川弘文館、一九八八年）にある「通州事件」の項（七〇四頁。臼《うす》井勝美《いかつみ》執筆）を転載する。なお、この記述と本書本文の内容とにいくつか食い違いがあるが、ここでは問わない。

「つうしゅうじけん　通州事件　一九三七年（昭和十二）七月二十九日北京《ペキン》郊外通州《つうしゅう》で冀東（きとう）防共自治政府保安隊が日本軍および日本居留民を襲撃殺害した事件。七月七日日中戦争勃発後、日本に協力してきた同政府保安隊約五千が日本側の警備の手薄を狙い二十九日午前三時過ぎより日本守備隊・特務機関などを襲い、日本人百十七名・朝鮮人百六名計二百二十三名の居留民を殺害した。死者のなかには細木繁《ほそきしげる》陸軍中佐（特務機関長）や冀東政府関係の日本人が多く含まれていた。救援に赴いた日本軍は三十日午後四時過ぎ現地に到着、日本人九十八名・朝鮮人百五名を救出した。日本人関係家屋・財産は掠奪され惨憺たる被害を出した。保安隊は日本軍と戦闘中の第二十九軍に呼応し傀儡《かいらい》政府である冀東政府に反乱したもので、首謀者は第一総隊隊長張慶余《ちょうけいよ》とみられる。冀東政府長官代理池宗墨《ちそうぼく》は十二月二十四日北京大使館森島守人《もりしまもりと》参事官を訪ね、弔慰金・見舞金として総額百二十万円を提供する旨を通告し、本事件は解決した」。

一、さらなる発展を遂げる副都心通州

二〇一六年一二月に星海社《せいかいしゃ》から『通州事件　日中戦争泥沼化への道』（以下、『通州事件』）を刊行してから、およそ五年半がたつ。この間、中国の首都北京の副都心として開発が始まった通州（北京市通州区）は、さらなる発展を遂げる。

一九年一月、中国共産党中央委員会と中華人民共和国国務院は、「北京市副都心規制詳細計画（街区レベル）（二〇一六年－二〇三五年）」（「北京城市副中心控制性詳細規画（街区層面）（二〇一六年－二〇三五年）」）を正式に承認した。

全七二条からなるこの計画では、その意義を冒頭で次のように述べている。

副都心の建設計画は、北京の空間スタイルを整え、「大都市病」を克服し、発展的な新しい空間の需要を押し広げるだけでない。これはまた、北京市・天津市・河北省が協力して開発を推し進めることで、人と経済を集約した地域としての優良な開発モデ

ルを見出すこともできる。すなわち、首都としての戦略的地位を確定して、国際的な一流の住みやすい都を建設すること、ならびに、首都を中心とする世界レベルの都市群を建設するうえで、非常に重大で深淵な意義を有するものである。

計画によると、副都心は総面積一五五平方キロメートルと拡張区域に及ぶ。人口は三五年までに、常住者を一三〇万人以内とし、すでに市中心部に住んでいる四〇万人から五〇万人をそこに受け入れながら、一平方キロメートルあたりの人口密度を九〇〇〇人にまで抑える。これは、意義にある「国際的な一流の住みやすい都を建設する」という取り組みのひとつだ。一方、首都北京を支える副都心の役割として、通州は、行政事務・ビジネスサービス・文化と観光の三つの主要機能を担う。そして、北京経済技術開発区と融合発展しながら、最先端の情報技術・スマート製造・新素材の開発といったイノベーションを実現する重要プロジェクトを実施していく。

さらに、「一帯・一軸・多グループ（多組団）」をキーワードに、新たな都市空間として、自然と街が共生し、さまざまなグループが整然かつ集約されて発展する「生態都市」の構築を目指す。

なお、キーワードのうち、「一帯」とは、公共空間の魅力を際立たせる「帯」をいう。具体的には、通州を流れる京杭《けいこう》大運河沿いの長さ約二三キロメートル、面積約四一平方キロメートルの区域に三つの重点機能区を設ける。すなわち、大運河に隣接する重点育成運河ビジネス区（重点培育運河商務区）・副都心総合交通ターミナル区（副中心総合交通枢紐地区）・都市グリーンハート（城市緑心）である。

「一軸」とは、都市機能を結びつけるイノベーションの発展軸を意味し、通州郊外を走る北京環状高速道路の六環路沿いの長さ約一四キロメートル、面積約二七平方キロメートルの地域をその拠点とする。

「多グループ」とは、水路網・緑地網・道路網によって形成された副都心の一二の民生シェアグループと三六の居住エリアを指す。便利で住みやすく、かつバランスの取れた発展を遂げる都市コミュニティーを建設していく。

通州の主要機能のうち、「文化と観光」については、すでにひとつの成果が生まれている。二一年九月二〇日、通州郊外にユニバーサル・スタジオ北京（北京環球度假区）が開園した（プレオープンは同月一日から）。ここは、総面積一・八平方キロメートルのなかに、「ハリー・ポッターの魔法の世界」をはじめとする七つのアトラクションと、遊園地、ホテル、レストランなどが揃った複合テーマパークである。

一二月一日、北京市副市長の崔述強《さいじゅつきょう》の発表によると、開園から三ヶ月足らずで、入場者数は一〇〇〇万人に達し、今後、総面積を開園時の約二倍まで拡張する計画であるという。ユニバーサル・スタジオ北京の成功を足がかりに、通州はさらに発展を加速させていくだろう。

二、停滞する日本の通州事件研究

通州が大きな変貌を遂げる一方、過去この町で起きた悲惨な通州事件の記憶は、忘れ去られていないか。事件にまつわる研究はどうなっているか。

二〇一九年、北京の中国人民抗日戦争紀念館は、中華人民共和国建国七〇周年、抗日戦争発生八二周年を期して、関連資料の収集を行った。特に通州事件に関する資料については、『日本侵華軍事及通州事変機密情報檔案選編』としてまとめられる。

二〇年、同紀念館副研究館員の李慶輝《りけいき》は「通州事件中的日本居留民問題」（『軍事歴史研究』総第一四一期所収）で、同書に収められた資料と日本側の研究を総合的に分析し、通州事件発生の一因として、日本の大陸侵略を背景とする排外主義的な通州日本居留民の存在があったことを指摘した。中国において通州事件研究は、今もなお学術レベルで検討されるテーマとなっている。

それでは、日本はどうか。筆者がかつて『通州事件』を執筆した目的は、ともすれば、事件で日本居留民が殺害されたことだけに着目し、刃を向けた中国人兵士や、さらには中国人そのものに恨みや憎悪の念を向けがちだったこれまでの感情的な議論に警鐘を鳴らし、事件発生の原因や、その背景にあった日中関係の分析など、冷静な学術的検証を試みるべきであると訴えるためであった。

しかし、実際はどうか。『通州事件』刊行から約半年後の一七年七月二九日、東京で「通州事件80周年　記憶と慰霊の国民集会」が開催された。集会の呼びかけ人は外交評論家で保守論客の加瀬英明《かせひであき》。実行委員会事務局が「新しい歴史教書をつくる会」だ。同会は、前年の一六年五月、通州事件のユネスコ世界記憶遺産登録を目指した「通州事件アーカイブズ設立基金」を立ち上げている。これはその約半年前に「南京大虐殺」が世界記憶遺産に正式登録されたことへの対抗措置であった。なお、会を実質的に率いた教育評論家の藤岡信勝《ふじおかのぶかつ》は、同年七月から一〇月にかけて、『正論』上で全三回からなる「民族の受難　通州事件の研究」シリーズを発表し、通州事件の責任を中国側に求めている。

集会は、「寸鉄《すんてつ》を帯びぬ無辜《むこ》の同胞《どうほう》が無慈悲《むじひ》に惨殺された慟哭《どうこく》の「7・29」を忘れるな!!」をスローガンに掲げた。まさに筆者が危惧した日本居留民の殺害という点に特化したテーマだったのだ。

集会の様子は、『正論』編集部が「通州事件80年　過ちは2度と繰り返させません…　国民集会リポート」としてまとめている。このタイトルからもわかるとおり、通州事件の「過ち」を起こしたのはあくまで中国側としているのだ。この前提のもと、招待された通州事件遺難者遺族や保守論客らが登壇し、中国側に責任を求めるコメントを次々と発表した。

また、通州事件の残虐性を示す体験談を集めた証言集や、その証言を使って論じた書籍も相次いで発表される。たとえば、『EIWA MOOK　日本人が知らなくてはいけない　通州事件80年目の真実』（英和出版社、二〇一七年）、皿木喜久《さらきよしひさ》『通州の奇跡　凶弾の中を生き抜いた母と娘』（自由社、二〇一七年）、藤岡信勝・三浦小太郎《みうらこたろう》編著『通州事件　日本人はなぜ虐殺されたのか』（勉誠出版、二〇一七年）、加藤康男《かとうやすお》『通州事件の真実　昭和十二年夏の邦人虐殺』（草思社、二〇一九年。同『慟哭《どうこく》の通州　昭和十二年夏の虐殺事件』［飛鳥新社、二〇一六年］を改題し文庫化）などだ。

もっとも新しいものとして、藤岡信勝・三浦小太郎・但馬オサム・石原隆夫編『新聞が伝えた通州事件　1937–1945』（集広舎、二〇二二年）がある。同書は通州事件を報じた当時の日本の新聞記事を網羅的に収集し、その紙面とともに文面を現代文に書き起こした資料集だ。これ自体には学術的価値を認める。だが、彼らの目的が、やはり通州事件で日本居留民がいかに残虐に殺されたのかを示すことにあり、使用にあたっては注意を要する。

なお、彼らは二〇二二年五月二九日、同書の出版に合わせて、東京神田の学士会館で、「通州事件から85年『新聞が伝えた通州事件』発刊記念集会　講演と寸劇と歌の集い」を開催した。このイベントでは、通州事件の惨状をテーマにした、古賀政男作曲の「恨みは深し通州城」（詳細はコラム四）が合唱された。さすがにこの試みは常軌を逸しているのではないか。

このほか、Twitter（ツイッター）をはじめとするＳＮＳ上で「通州事件」というキーワードで検索すると、事件を引き合いにして中国人を残虐的な民族であるとして糾弾する書き込みが今日でもたくさん表示される。これらヘイトスピーチが長く放置されていることが不思議でならない。

『通州事件』刊行後、筆者も通州事件遭難者や遺族を新聞記者らと取材に回り、その様子を複数のメディアに掲載し、それら証言をもとに学術論文も発表した。筆者以外にも笠原十九《かさはらとく》司《し》がやはり遺族を取材し、一九年二月、彼らの体験を「憎しみの連鎖を断ち切る　通州事件犠牲者姉妹の証言」（『世界』第九一七号）で詳細に分析している。しかし、これら学術的アプローチを試みる日本の研究者はほんのわずかで、上記の感情的議論を抑えるには至っていない。

日中戦争史を専門とする筆者が、通州事件研究で今後できることはいったい何か。そのように思い悩んでいたとき、『通州事件』の編集を担当し、後に出版社の志学社《しがくしゃ》を立ち上げた平林《ひらばやし》緑萌《もえぎ》氏から、ひとまず、『通州事件』に刊行後発表した論稿やインタビュー記事などを合わせた増補新版を発表したらどうかという提案をいただいた。筆者はこれに賛同し、このたび出版に至ったのである。

この本を手にとった読者は、ぜひいま世に溢れている通州事件をタイトルに冠した書籍と読み比べていただきたい。いかに感情的議論が空虚で意味をなさないか。資料と正面で向き合った研究が、いかに日中双方の歴史や両国関係にとって有用かがわかるはずである。

通州事件発生から八五年。もう我々は恨みを恨みで返すのはやめよう。

本書は本文全四章からなる。これに加え、各章の最後に通州事件に関連するコラムを付した。さらに、巻末に資料集として通州事件で親族を失った被害者を取材した新聞記事四点と、遺族ふたりの未発表のインタビューを活字に起こし掲載した。資料集以外の部分はすでに次のとおりに発表している。本書はこれらを加筆訂正し、増補新版として再構成した。

・第一章―第三章、コラム二、三（『通州事件』）。

・コラム一（広中一成「親日傀儡政権を打倒せよ！　中共の抗日秘密工作」、『洋泉社MOOK　毛沢東《もうたくとう》　中国を建国した〝20世紀の巨人〟』、洋泉社、二〇一六年所収）。

・第四章（広中一成「通州事件被害者家族の戦後」、『アジア民衆史研究』第二五集、アジア民衆史研究会、二〇二〇年五月所収）。

・コラム四（辻田《つじた》真《ま》佐《さ》憲《のり》「楽土冀東《きとう》は夢なりき　親日支那政権と軍歌について」、広中一成『ニセチャイナ　満洲《まんしゅう》・蒙《もう》疆《きょう》・冀東・臨時・維新・南京《ナンキン》』社会評論社、二〇一三年所収）。

増補新版　通州事件　目次

第二章 通州事件の経過 045

資料編　199

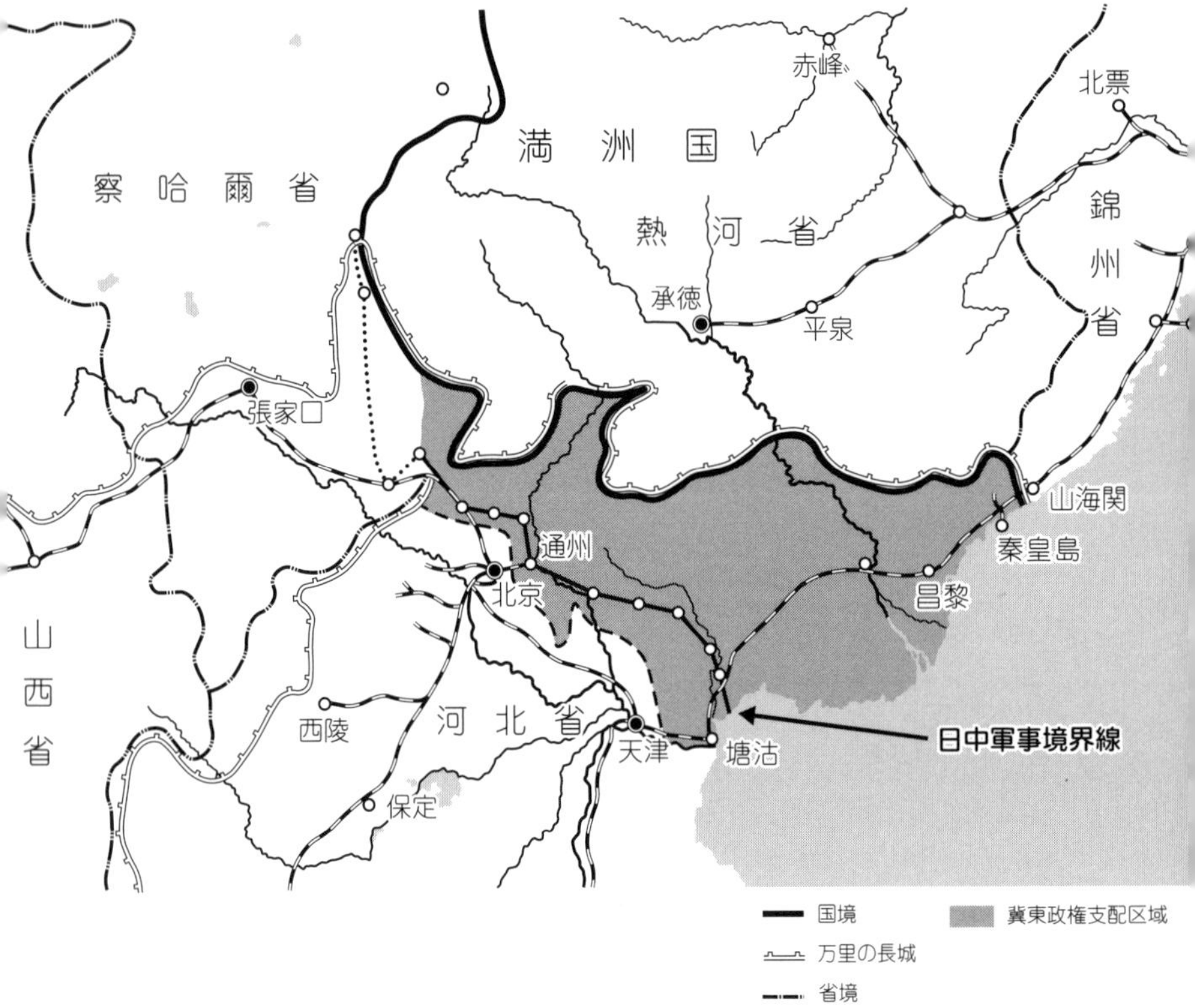

冀東及び周辺図（1935年末）

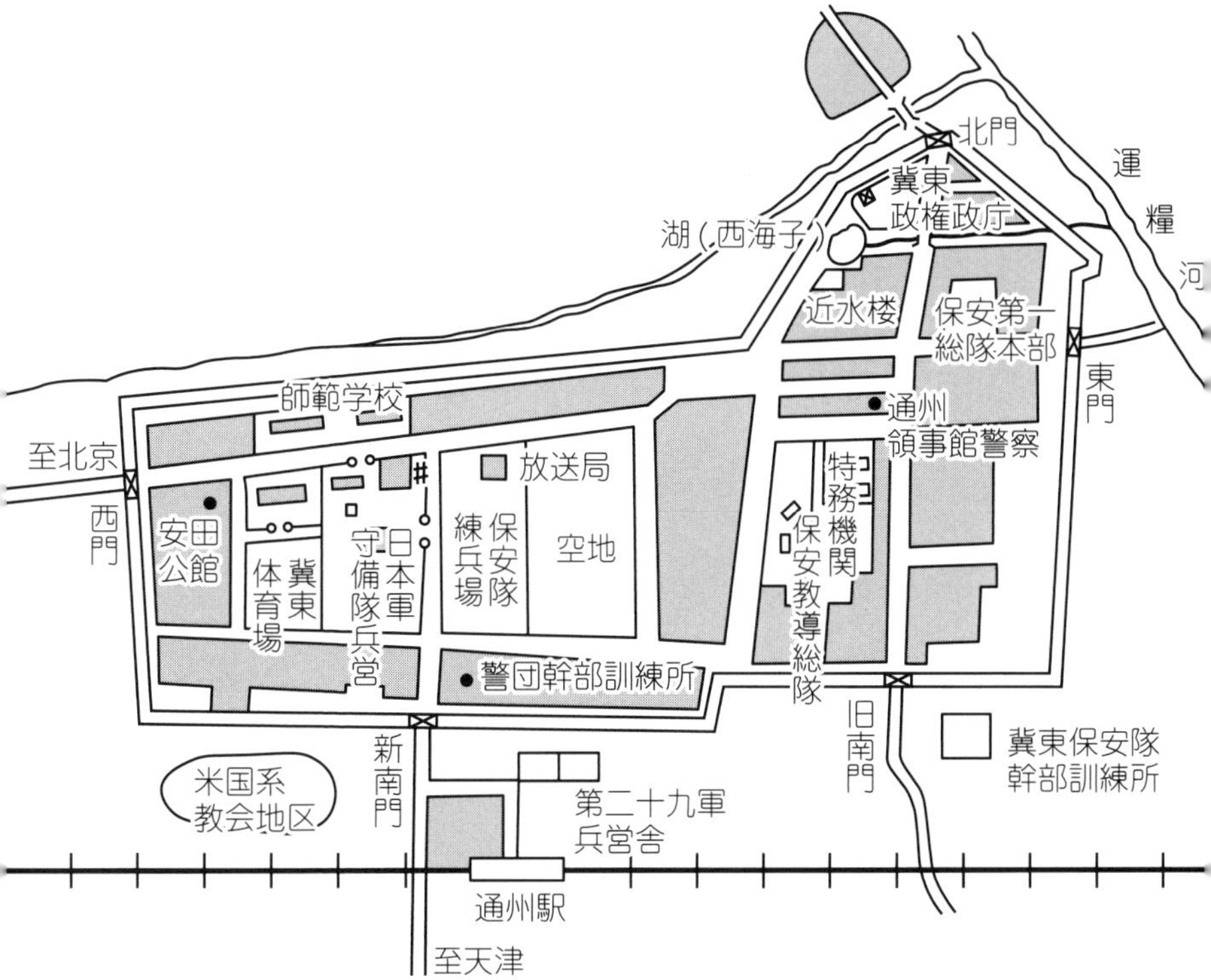

通州城内城と付近の施設

《凡例》

本文中の引用については、一部を除き原文のカタカナはひらがな、旧字体も一部を除き新字体にそれぞれ改め、文の意味が変わらないよう配慮しながら、適宜句読点を補った。

それら引用分、および固有名詞の一部に、「支那」等今日では差別的な意図で用いられることばが含まれているが、筆者が差別的な文脈で用いる意図はもとよりなく、あくまでも歴史的用語として用いていることを諒解されたい。

引用・参考文献は、基本的に引用文のみ本文中に文献名のみ示し、巻末に文献一覧を掲載した。

本文中の地名について、時代によって名称が複数存在する場合は、固有名詞など特別な場合を除き、現在一般に通用しているもので統一している（通州［正式名称は通県］、北京［当時の名称は北平」など）。

本文中に登場する人物の職業や肩書きは、特に断りのない限り、当時に拠った。

また、本書には読者を不快にさせる恐れのある写真が一部掲載されていることをご承知いただきたい。

第一章　通州事件前史

一、首都防衛の要

まずは、通州の都市としての成り立ちからみていこう。そもそも、通州に初めて行政機関が置かれたのは、前漢時代の紀元前一九五年。はじめは路県と名づけられたが、後漢時代の二五年、通州の近くを流れる潞河《ろか》(潞水)にちなんで、潞県と改められる。

一一五一年、北宋を滅ぼした金朝が、潞県に州の行政府を置く。このとき、地名が通州となる。そして、一九一四年に中華民国が州制を廃止して通県と改称して以後も、一般的には旧称の通州が用いられた。

自然の川筋が多く、水量も豊富だった通州は、古来より漕運《そううん》と呼ばれる水上運輸が発達する。隋《ずい》代の六〇八年、中国の江南地方と華北を結ぶ大運河が完成。運河の北端に位置した通州は、北京と運河を結ぶ重要地点として大いに発展した。特にこの地は江南から北京に向けて運河伝いに運ばれた米穀の集積地として栄える。その賑わいぶりは「一京二衛三通州」(華北で繁栄した都市の順番。一位が北京、二位が天津《テンシン》「天津衛」、三位が通州)ということばができるほどだった。通州という地名は、漕運が活発に往来するという意味の「漕運通済《そううんつうさい》」に由来する。

高いマンションが立ち並ぶ通州の目抜き通り
(2012年12月、筆者撮影)

経済発展にともない、通州には周辺から多くの人々が移り住む。明《みん》代の一五世紀後半には約一万三〇〇〇人だった通州の人口が、民国初年の一九一二年になると、およそ三〇万人（県域ほか周辺の集落を含む）にまで膨れあがる。

長い歴史を持つ通州に現存する代表的建築物のひとつに、南北朝北周年間（五五六年－五八一年）に創建された燃灯仏舎利《ねんとうぶつしゃり》塔《とう》がある。高さ約五六メートル、基壇一辺の長さ約五メートル、八角形一三層からなるレンガ造りだ。それぞれの壁面に装飾が施されており、各層の屋根の先端には取りつけられた風鈴からは、今も心地よい音色が響く。

北京を都とした歴代王朝は、そこから目と鼻の先にある通州を首都防衛の最重要拠点とし、堅固な城壁を築いて防衛態勢を強化した。清《しん》代乾隆《けんりゅう》年間の一七六五年、通州の市街地をふたつに隔てていた東北部の旧城と西南部の新城がひとつに統合され、新しい通州城が完成する。通州城の北門と西門の上部には、防御用の砲台が設置され、外敵の侵入を阻んだ。

だが、アヘン戦争以降、中国にヨーロッパ列強が進出すると、通州の防衛体制は北京を襲う欧米勢力によって打ち砕か

通州のランドマーク、佑勝教寺の燃灯舎利塔
（2012年12月、筆者撮影）

れる。

一八六〇年九月、通州西部の八里橋《はちりきょう》で、天津から北京に軍を進めた英仏連合軍約五〇〇〇人と清国軍約四万人が戦う。英仏の狙いは、清国に軍事的圧力を加えることで、彼らが批准を拒んでいた不平等な天津条約を正式に認めさせることだった。この戦いに勝利した英仏連合軍は北京を占領すると、清朝の庭園だった円明園《えんめいえん》や離宮の頤和園《いわえん》を徹底的に破壊した。これは世界史上の数ある蛮行のひとつとして知られる。

また、一九〇〇年に起きた北清事変《ほくしんじへん》（義和団事件《ぎわだんじけん》）では、「扶清滅洋《ふしんめつよう》」（清国を助けて西洋を滅ぼす）を唱えた宗教結社の義和団に呼応した数万人の民衆と、北京に進軍する日・露・英・米・仏・独・伊・墺（オーストリア＝ハンガリー）の八ヶ国連合軍が通州で衝突した。この戦いで通州は連合軍に焼き払われ、住民五〇〇〇人あまりが殺害される。

二、日本の大陸進出

中国が列強から攻撃を受けていた頃、日本は明治維新を達成して近代国家として歩みを始める。そして、産業発展のための市場獲得、ならびに東アジアに勢力を広げた列強に対抗するため、大陸進出を積極的に推し進めた。

一八九五年、日清戦争に勝利した日本は、清国と下関《しものせき》条約（馬関《ばかん》条約）を締結。巨額の賠償金を獲得したほか、清国の属国とされた朝鮮《ちょうせん》を独立させ、さらに、台湾《たいわん》・澎湖《ほうこ》諸島・遼東《りょうとう》半島の大連と旅順を手にする。

極東への勢力拡大を狙っていたロシアは、日本の急速な大陸進出に警戒し、ドイツやフランスとともに、日本に対し遼東半島を清国に返還するよう強く求めた（三国干渉）。日本は圧倒的な国力を誇るロシアとの対立を避けるため、その要求をやむなく受け入れる。

だが、九八年、こんどはロシアが遼東半島を租借し、極東進出の基地にすると、日本国内でロシアに対する激しい反発の声があがった。日本は、「臥《が》薪《しん》嘗《しょう》胆《たん》」を合言葉に、ロシア打倒に向けた富国強兵策を実行する。

ロシアが北清事変への出兵を口実に満洲に駐兵すると、日本はこれを好機ととらえ、イギリスと同盟を結ぶ。そのうえで、一九〇四年、ロシアに宣戦布告した。日露戦争は日本の敗戦必至とみられたが、奉天《ほうてん》会戦や日本海海戦など激戦の末、結果的に日本の勝利に終わる。そして、〇五年、日露両国は、アメリカの斡旋でポーツマス講和条約を締結する。これにより、日本は朝鮮の大韓帝国《だいかんていこく》（韓国《かんこく》）に対する保護権・旅順《りょじゅん》と大連《だいれん》の租借権・長春《ちょうしゅん》（寛城子《かんじょうし》）―旅順間の鉄道およびそれに付随した権利・南樺太《みなみからふと》の割譲などをロシアに認めさせた。

日露戦争の勝利によって、日本は大陸進出を本格化させる。〇六年、遼東半島の租借地（関東州《かんとうしゅう》）を管轄する関東都督府と、南満洲の鉄道とその沿線の各種事業を運営する南満洲鉄道《みなみまんしゅうてつどう》株式会社（満鉄《まんてつ》）を創設。南満洲の支配を固めた。さらに、一〇年、日本は韓国併合を実行し、朝鮮半島を植民地とする。

日本は明治政府成立から、およそ四〇年あまりで、大陸に植民地や租借地を持つ帝国主義国家に変貌したのである。

三、支那駐屯軍と関東軍の誕生

日本は大陸進出の過程で、中国に支那駐《しなちゅうとんぐん》屯軍と関東軍《かんとうぐん》というふたつの陸軍駐外派遣部隊を誕生させた。これらはどのようにして組織されたか。

一九〇一年九月、北清事変の終結にともない、連合国と清国は、事変の戦後処理を示した最終議定書（北京議定書。中国側では辛丑和約《しんちゅうわやく》）を成立させる。

議定書では清国が連合国側に対し、損害を与えたことへの謝罪と責任者の処罰、ならびに賠償金を支払うことが定められていた。

さらに、連合国側には、北京市内の公使館周辺や、北京から河北省山海関《さんかいかん》（臨楡県《りんゆ》）までの間の指定地点（黄村《こうそん》・楊村《ようそん》・郎坊《ろうぼう》〔廊坊〕・天津・軍糧城《ぐんりょうじょう》・塘沽《タンクー》・蘆台《ろだい》・唐山《とうざん》・灤州《らんしゅう》・昌黎《しょうれい》・秦皇島《しんこうとう》・山海関）に各国が護衛兵を常駐できる権限も与えられる。これは、今後再び北京周辺に住む列国の外交官や居留民が危険にさらされたり、交通が遮断されたりしないようにするための措置だ。この取り決めにもとづき、列強各国は治安を維持する駐屯部隊を配置し、日本も同年一一月、清国駐屯軍を新設した。

清国は北清事変の敗北を受けて、国家の近代化改革に着手し、政権の維持を図る。だが、一九一一年一〇月、辛亥革命《しんがいかくめい》が勃発。革命派のリーダー孫文《そんぶん》が南京に中華民国を建国すると、清国は滅亡に追い込まれた。

中華民国は、清国が諸外国と結んだ条約を継承することを宣言する。その結果、清国駐屯軍は支那駐屯軍と改称して、存続が認められたのだ。同軍は天津に司令部を置き、総兵力は三六年に増強されるまで数百人から一〇〇〇人ほどを維持した。

一方、関東軍は関東州と満鉄付属地の防衛を担当していた関東都督府陸軍部が、一九年、関東都督府の廃止にともない改編され成立する。

関東軍が誕生した頃、中国では、孫文に代わって袁世凱《えんせいがい》が中華民国の政権を握る。彼は清代末期に内閣総理大臣を務めたことのある軍人で、北洋《ほくよう》軍閥（北洋軍）と称される軍事勢力を率いていた。袁は北京に政権を置いたため、その政権は北京政府と呼ぶ。

一六年、袁が亡くなると、後継者の座をめぐって、ともに彼の部下だった直隷《ちょくれい》軍閥の馮国《ふうこく》璋《しょう》と安徽《あんき》軍閥の段祺瑞《だんきずい》が対立した。

一九年に馮が没すると、彼の後を継いだ曹錕《そうこん》と呉佩孚《ごはいふ》が、二〇年七月、安直《あんちょく》（直皖《ちょっかん》）戦争に勝利。安徽軍閥を北京政府から排除する。これら軍閥以外にも、当時の中国には満洲を本拠とした張作霖《ちょうさくりん》の奉天軍閥が半独立状態を保つ。また、南の広東省《カントン》には中国国民党（以下、国民党）を結成して、北京政府の打倒と中国統一を目指していた孫文率いる広東軍政府が勢力を拡げる。

二〇年代前半、関東軍は満洲を支配する張作霖を支援しながら、日露戦争で獲得した日本の満洲権益を守っていた。同軍の後ろ盾を得て実力を蓄えた張作霖は、二四年九月、第二次奉直戦争を起こし、直隷軍閥を倒して北京政府の実権を握る。

これまで関東軍に協力的な態度をとっていた張は、北京政府の支配者となったことで自信を深め、次第に同軍と距離を置くようになる。さらに、満洲に独自の鉄道路線を開設して満鉄の経営を圧迫。排日教育も推し進め、日本側と摩擦を引き起こしたのだ。このような張の振る舞いに、関東軍の一部からは彼を排除すべしとの声があがる。

関東軍と張作霖が対立を起こしていた最中の二五年三月、孫文が中国革命の志なかばにして死去。その遺志を継いだ蔣介石《しょうかいせき》は、二七年四月、南京に国民政府を成立させ本拠地とする。そして、国民党の軍隊である国民革命軍を率いて、北京政府打倒を掲げた北伐《ほくばつ》戦争を本格化させた。

二八年六月初め、各地の軍閥を倒した国民革命軍が北京に迫る。劣勢に立たされた張作霖は、列車に乗って北京を脱出し満洲に逃れた。その帰路の途中、張は満鉄線路にしかけられた爆弾によって命を落とす。張殺害を指示したのは、関東軍高級参謀の河本大作《こうもとだいさく》大佐で、日本政府や陸軍中央の許可をとらない独断による犯行だった。

河本は張殺害をきっかけに、関東軍の手で満洲を軍事占領しようと企てる。だが、張の後を継いだ息子の張学良《ちょうがくりょう》は、彼が率いた東北軍を国民革命軍に合流させることを宣言し、国民政府の軍門に下ったのだ。張作霖を殺害したことで、関東軍はかえって日本の満洲権益を危険にさらす結果を招くことになる。

四、満洲事変から塘沽停戦協定へ

張作霖殺害後、関東軍司令部では参謀の石原莞爾《いしわらかんじ》中佐を中心に、満蒙《まんもう》（満洲と東部内蒙古の一部）の獲得に向けた計画が練られた。

三一年九月一八日、関東軍は、自作自演による満鉄線路爆破を口実に軍事行動を開始する。東北軍が蔣介石の不抵抗方針に従って満洲から撤退すると、およそ半年後の三二年三月、満洲国を建国し、満蒙一帯を国民政府の支配から切り離した。

さらに、関東軍は三三年二月、満洲国の領土拡大を図るため、熱河《ねっか》作戦と称して、満洲国の南側に隣接していた熱河省（現河北省北部・遼寧省南部・内蒙古自治区東部一帯）に侵攻を図る。

作戦を実行するにあたり、日本軍の統帥権（軍隊の作戦用兵に関する最高指揮権）を握っていた昭和天皇《しょうわてんのう》は、熱河省とその南の河北省を分ける万里の長城を越えないことを条件に関東軍の作戦行為を認めた。だが、関東軍は中国軍と戦うなかで、長城線を突破し、河北省東部（以下、冀東地区。冀とは河北省の簡称）に進軍したのだ。

関東軍司令部は、命令を守らない彼らの行為に、天皇が不満を露わにしていることを知った。そのため、いったん部隊を長城線外に引き揚げる。しかし、同年五月初め、関東軍は、改めて天皇の裁可を得たうえで、関内作戦を発動し、再び冀東地区に侵攻したのだ。

このとき、中国国内は国民政府と、その統治に反発する中国共産党（以下、中共）との間で内戦が繰り広げられていた。中共との戦いを優先した蔣介石は、侵攻を続ける関東軍に停戦を申し入れ、五月三一日、塘沽《タンクー》停戦協定を成立させる。

協定では、再び日中両軍が軍事衝突をしないよう、河北省蘆台から察哈爾《チャハル》省延慶《えんけい》（現北京市延慶区）にかけて軍事境界線が引かれた。そして、同線から長城線に挟まれた冀東地区が非武装中立の緩衝地帯となったのだ。通州はこの軍事境界線の上にあったため、緩衝地帯の一部に組み入れられた。以後、中国軍は緩衝地帯への進入が禁じられ、日本軍も北京議定書で認められた場所以外に緩衝地帯内に部隊を配置できなくなる。

塘沽停戦協定の成立により、満洲事変から始まった関東軍の一連の軍事行動は終了した。

五、保安隊の結成

成立したばかりの緩衝地帯で問題となったのが、戦火で荒廃したこの地の治安をいかに回復させるかということだった。特にここに残っていた雑軍の存在は、治安悪化の原因のひとつとなる。

雑軍とは、関東軍が満洲で編成した中国人部隊のことをいう。彼らはもともと満洲を荒らしまわっていた馬賊《ばぞく》と呼ばれた武装集団だ。関東軍は満洲国の治安を脅かしていた彼らを雑軍に再編成して指揮下に置く。そして、冀東地区に攻め込ませることで、都合よく彼らを満洲から追い払ったのだ。

馬賊の寄せ集めだった雑軍は軍紀が乱れ、しばしば関東軍の命令に従わず、占領した集落を襲うなど狼藉《ろうぜき》を働く。関東軍は手に負えなくなった彼らを放置した。

　塘沽停戦協定成立後、関東軍が緩衝地帯に雑軍を残したまま満洲に引き揚げると、彼らの略奪行為はエスカレートし、治安を極度に悪化させていく。

「停戦に関する協定（塘沽協定）」（『日本外交年表並主要文書　下巻』所収）、すなわち塘沽停戦協定の第四条に、日中両軍撤退後の緩衝地帯の治安維持は、中国側警察機関が担当すると定められていた。その警察機関は「日本側の感情を刺戟するが如き武力団体を用ふることなし」、つまり日本側に友好的な組織を使うことになっていたのである。

関東軍と中国側は協議の末、李際春《りさいしゅん》軍を警察機関に採用すると決定した。同軍は、元東北軍軍長の李際春に率いられた雑軍である。彼らは関内作戦で関東軍と冀東地区に攻め込んだ際、渤海《ぼっかい》沿岸の秦皇島に軍政府を立ち上げて独立を画策するなど問題を起こしていたのだ。李は満洲事変以降、関東軍の軍事行動に協力的だったため、関東軍ととりわけ親しい関係にあった。なお、李際春は戦前の日中両国で人気を博した映画女優、李香蘭《りこうらん》（山口《やまぐち》〔大鷹《おおたか》〕淑子《よしこ》）の養父にあたる。

　塘沽停戦協定の成立から二ヶ月あまりが過ぎた八月初め、李軍とその他大小の雑軍は、保安警察隊として再編成され、緩衝地帯の警備につく。その後、彼らは保安隊に改称され、態勢強化を図るため、将兵の入れ替えを繰り返す。三五年二月の改編では、関東軍の許可を得て、河北省に駐屯していた国民革命軍第五一軍（軍長于学忠《うがくちゅう》）から二個団（団は日本軍の連隊に相当）約五〇〇〇人が保安隊に加わる。これら部隊を率いたのが、後に通州事件を引き起こす張慶余と張硯田《ちょうけんでん》だった。ふたつの部隊はどちらも軍事訓練を受けていた精鋭で、保安隊の主力として期待されたのである。

六、華北分離工作と冀東政権の成立

塘沽停戦協定の成立により満洲事変は事実上終結し、日本の中国侵略も収まったかのようにみえた。だが、まもなく緩衝地帯が反満抗日ゲリラの拠点となり、長城線を越えてたびたび満洲国の治安を脅かすようになる。三五年春、関東軍は支那駐屯軍と協力して、日本の影響のもと、華北五省（河北・山西《さんせい》・山東《さんとう》・察哈爾・綏遠《すいえん》）を国民政府の支配から切り離す、いわゆる華北分離工作に着手した。

関東軍が立てた計画は、まず華北の民衆を扇動して華北自治運動を起こす。その民衆の声を受けて、華北五省の実力者らが連合して自治政権を樹立するというものだ。その政権の指導者として有力視さ

冀東政権指導者の殷汝耕（絵はがき、筆者所蔵）

れたのが、北京と天津一帯のいわゆる平津《へいしん》地区を守備していた第二九軍長の宋哲元《そうてつげん》と、緩衝地帯の実質的な支配者の殷汝耕《いんじょこう》だった。

殷は一八八九年（八五年とも）、浙江《せっこう》省に生まれる。一九〇〇年代初め、日本に留学し、鹿《か》児《ご》島《しま》旧制第七高等学校造士館《ぞうしかん》（七高。現鹿児島大学）をへて、早稲田大学に進む。彼の日本語能力は日本人とほぼ変わらなかったといわれ、長唄《ながうた》や常磐津《ときわづ》など日本の伝統芸能にも精通していた。殷は早稲田大学在学中に知り合った日本人女性井上民恵《いのうえたみえ》（中国名民慧《みんけい》）を妻に持つ。彼女は仏教の信仰に篤く、その影響で彼も熱心な仏教徒となる。

殷は帰国後、国民政府の知日派のひとりとして、おもに対日交渉の場で活躍した。塘沽停戦協定で、冀東地区に緩衝地帯ができると、彼は同地帯の行政を監督する役職に任じられる。この頃から、殷は関東軍将校との接触が多くなり、次第に分離工作に協力するようになっていく。

三五年一一月、関東軍の謀略により、緩衝地帯に隣接する河北省香河《こうか》県で華北自治を求める運動が起こる。これを受けて、殷は二五日、緩衝地帯を国民政府の支配から離脱させることを宣言し、通州に冀東政権を樹

冀東政権政庁正門（『冀東画報』、1頁）

立したのであった。

冀東政権は、緩衝地帯だった冀東地区二三県（通州・灤州・臨楡・遵化《じゅんか》・豊潤《ほうじゅん》・昌黎・撫寧《ぶねい》・遷《せん》安《あん》・密雲《みつうん》・薊県《けいけん》・玉田《ぎょくでん》・楽亭《がくてい》・蘆龍《ろりゅう》・宝坻《ほうてい》・寧河《ねいが》・昌平《しょうへい》・香河・三河《さんが》・順義《じゅんぎ》・懐柔《かいじゅう》・平谷《へいこく》・興隆《こうりゅう》）を支配領域とし、反共・反国民党、華北自治の実現を基本方針とした。

しかし、実態は政権の各機関に置かれた日本人顧問が政治をコントロールする傀儡政権であったのだ。殷はいち早く自治政権を成立させることで、日本に協力することを渋っていた宋哲元の自立を促そうとする。

冀東政権が成立すると、国民政府は華北分離工作がこれ以上進まないようにするため、一二月一八日、宋哲元を首班とする国民政府公認の自治政権、冀察政務委員会を北京に成立させ、関東軍との妥協を図る。北京では冀東・冀察両政権の成立に反対する学生デモが起き、華北情勢は混迷を深めていった。

七、支那駐屯軍の増員と通州駐屯

華北にふたつの自治政権ができたことを受け、日本政府の関係各省は協議を開く。そして、三六年一月、中国の新たな事態に対応するための方針として、「北支処理要綱」を取りまとめた。

要綱では、これまで陸軍が独断で進めていた華北自治を追認。それを日本政府の政策に格上げし、自治実現に向けて日本側が支援すると定められたのだ。また、華北分離工作で変化した華北での関東軍と支那駐屯軍の軍事バランスを是正する。その結果、以後の冀東・冀察両政権の内面指導（組織や個人に背後から干渉してコントロール下に置くこと）を支那駐屯軍が担当し、関東軍を本来の任務である満洲の防衛に専念させた。

さらに、陸軍中央（陸軍省と参謀本部の総称）は、五月、支那駐屯軍を強化するため、兵力をそれまでの約一八〇〇人から三倍あまりの約五七〇〇人に増員したのである。

このとき問題となったのが、増員された兵を収容する兵営の確保だった。増員部隊が到着するまでに天津の支那駐屯軍司令部兵舎の増築が間に合わず、北京など既存の駐屯地にも充分な空きがなかった。そのため、収容できなくなった一部の部隊を駐屯させる新たな場所を選定する必要があった。

「石原莞爾中将回想応答録」（『現代史資料9』所収）によると、当時陸軍中央では、駐屯地の選定をめぐって、次のようなやりとりがあった。なお、石原はこのとき参謀本部で作戦課長を務めていた。

> 最初参謀本部は通州、北京、天津に重点を置き之に依て冀東防衛の態勢を確立すると云ふ案でありましたが、之に対し梅津《うめづ》陸軍次官よりは条約上に照して不可なりと云ふ強い反対がありまして、遂に軍事的意見が政治的意見に押されて通州の代りに豊台《ほうだい》に兵を置くことになりました。

つまり、参謀本部が通州を駐屯地とする案を提示したのに対し、参謀次長の梅津美治郎《よしじろう》中将は条約上の理由により反対をした。よって、最終的に豊台（現北京市豊台区）に駐屯地を置くことになったのだ。

豊台は北京の南郊に位置する。通州と豊台はともに北京議定書で支那駐屯軍が駐屯できる地点に含まれていなかった。陸軍中央は、いかなる理由をもとに豊台へ部隊を置いたのか。「橋本群《はしもとぐん》中将回想応答録」（同右所収）によると、後に支那駐屯軍参謀長となる橋本群は、豊台がそもそもどの国も駐屯できなかったにも拘らず、

そこには十数年前英国軍が駐屯し何年か居て、どうした訳か引き上げてしまったことがあるのですが、当時支那側は何等抗議をして居らない。さう云ふ先例があることを陸軍省が外務省で探し出しまして夫れでそこへ決まる様になって

いったと話した。陸軍中央はこれを根拠に豊台への駐屯を正当化したのだ。

だが、支那駐屯軍は通州に駐屯しなかったのかといえばそうではない。すでに、冀東政権成立後の三六年一月、同軍から小規模の部隊が一時的に通州に派遣されていた。そして、豊台に新兵舎が完成するのを前に、通州城内に仮の兵営が建設され、豊台に駐屯予定の部隊がそこに一ヶ月間待機する。

さらに、通州の仮兵営はその後も維持される。まもなくして、通州の日本居留民の保護を

名目に、北京の支那駐屯歩兵第一連隊から歩兵一個小隊約五〇人が、通州警備隊として週替わりで派遣されたのだ。

通州守備隊を週番交替させた理由は何か。それは、支那駐屯軍の通州駐屯が、北京議定書だけでなく塘沽停戦協定にも違反しており、それを取り繕うため、通州守備隊はあくまでも通州に一時的に留まっているにすぎないという体裁をとるためだった。

このように、なし崩し的に行われた支那駐屯軍の通州駐屯は、冀東政権の協力なしには実現できなかったのではないか。だが、駐屯をめぐって、支那駐屯軍と冀東政権との間でどのような約束が取り交わされたのかは、現在のところわかっていない。

八、日中戦争の勃発

豊台に駐屯を開始した支那駐屯軍部隊は、中国側の許可のもと、豊台西北の宛平《えんぺい》県城（盧溝橋城）北側の草地を演習場とする。その横を流れる永定河《えいていが》は、河北省最大級の河川のひとつだ。宛平県城の西側には、ヴェネチア商人のマルコ＝ポーロが著書『東方見聞録』でその美しさを謳った盧溝橋（通称マルコ＝ポーロ橋）が架かる。

三七年七月七日夜、豊台駐屯の支那駐屯歩兵第一連隊第八中隊が、盧溝橋横の演習場で夜間訓練を行う。その最中、何者かが彼らに向けて銃を放った。中隊は、演習所脇の永定河堤防上で警戒態勢をとっていた第二九軍部隊が撃ったと判断。第一連隊長の牟田口廉也《むたぐちれんや》大佐の判断で、八日早朝、第二九軍に攻撃を開始する。八年に及ぶ日中戦争の幕開けを告げる盧溝橋事件が始まった。

同事件の発生を受けて、現地ではただちに、支那駐屯軍北京特務機関長の松井太久郎《まついたくろう》大佐や北京日本大使館附陸軍武官輔佐官の今井武夫《いまいたけお》少佐など日本軍側と、宋哲元の側近で北京市長の秦徳純《しんとくじゅん》ら冀察政務委員会関係者、ならびに第二九軍側との間で、停戦に向けた話し合いが進められる。

協議の結果、一一日夜、盧溝橋事件について、第二九軍側が日本側に遺憾の意を表すとともに、再び衝突するのを避けるため、第二九軍を盧溝橋付近から撤退させることで合意したのである。

しかし、その前日の一〇日、陸軍中央は華北への増援部隊の派遣を決定し、一一日、日本政府は現地での停戦協定の成立を前に、陸軍の提案を承認した。

さらに、一七日、日本政府は陸軍中央の意見に従い、盧溝橋事件の責任をめぐって、宋哲元の正式謝罪や第二九軍の現地責任者の罷免を要求。一九日までに宋が停戦協定に正式調印しなければ現地交渉を打ち切り、日本軍が第二九軍を武力で「膺懲《ようちょう》」（懲らしめること）すると発表したのだ。

これに対し、蔣介石は、日本との避けることのできない最後の関頭《かんとう》（瀬戸際）に至ったら犠牲を払ってでも抗戦すると表明する。

一九日、第二九軍側が一一日の停戦協定に調印すると、国民政府は日本政府に対し、盧溝橋の日中両軍の同時撤退、外交交渉による事態の収拾などを求めた。だが、翌二〇日、日本陸軍は武力行使による事件の解決を決意し、現地に向けて日本から増援部隊の派兵を決める（正式決定は二七日）。

日中両国の対立が激しくなるなか、二五日、北京と天津の中間地点にある郎坊で、軍用電線の修理をしていた支那駐屯軍通信隊一行と同地を守備していた第二九軍部隊が衝突した（郎坊事件）。

翌二六日には、北京西南の広安門《こうあんもん》で北京城内に入ろうとした支那駐屯軍部隊に中国兵が発砲する事件（広安門事件）が起こり、急速に現地で軍事的緊張が高まる。これらの事態を受けて、二八日、支那駐屯軍は第二九軍の本拠がある北京方面への総攻撃を開始したのだ。

北京周辺が戦火に包まれる一方、通州だけは依然として平穏な状態にあった。その通州には、日中両軍の戦いに巻き込まれることを恐れた北京およびその周辺の住民が、列をなして逃げ込んでくる。そのなかには、通州にいた親族や知人を頼ってきた日本居留民の姿もあった。その誰しもが、数日後に保安隊に刃を向けられるとは想像だにしなかっただろう。

コラム その一 親日傀儡政権を打倒せよ！ 中共の抗日秘密工作

一、関東軍による華北分離工作

一九三一年九月一八日、関東軍の満洲事変をきっかけに始まった日本の中国侵略は、三三年二月末の熱河作戦で戦線が冀東地区まで広がる。五月三一日、日中両軍は塘沽停戦協定を締結し、再び日中両軍が衝突をしないよう、冀東を中国側が管理する非武装の緩衝地帯とした。

戦火で荒廃した冀東は、復興と治安の回復が遅れたため、反満抗日ゲリラの拠点となる。そのゲリラの一部は、たびたび長城線を越えて満洲国を襲ったのだ。

関東軍は三五年初めより、華北の現状変更、すなわち華北の国民政府からの分離独立を目指した華北分離工作に着手する。

工作を主導したのは関東軍の土肥原賢二大佐。満洲国建国に際し、清朝最後の皇帝溥儀《ふぎ》を潜伏先の天津日本租界から連れ出し、政権指導者に担ぎ上げた張本人だ。その謀略が巧みであったことから、第一次世界大戦でアラブ人への謀略で活躍したイギリス人将校のT・E・ロレンスにちなみ、「東洋のロレンス」とあだ名される。

彼のやり方はこうだ。まず華北の住民に国民政府の統治に反対した自治運動を働きかける。次いで、華北の有力者にいくつかの自治政権を作らせ、さらにそれらの政権をひとつにまとめ、華北全体を支配する傀儡政権にする。

同年秋、土肥原は緩衝地帯周辺の住民を扇動して華北自治の声をあげさせる。そして、一一月、緩衝地帯を支配していた殷汝耕を説得して、同地帯を領域とする冀東政権を成立させたのだ。しかし、殷に続く意思を示していた第二九軍長の宋哲元は、結局、国民政府公認の自治政権、冀察政務委員会を北京に作り、華北分離工作に応じなかった。

「第二の満洲国」ともいえる冀東政権の誕生に、中国の反日世論は一気に高まり、一二月九日、北京で日本帝国主義の打倒や華北自治の反対を訴える大規模な学生デモが起こる（一二・九運動）。

毛沢東《もうたくとう》率いる中共中央は、拡大を続ける日本の華北侵略を打破するため、潜入工作の経験をもっていた劉少奇《りゅうしょうき》を華北に派遣することを決めた。

二、革命同志・劉少奇が抗日運動を扇動

劉少奇といえば、戦後中華人民共和国で国家主席を務めるも、毛沢東から「走資派」のレッテルを貼られ、文化大革命で非業の死を遂げたことで知られる。だが、そもそもふたりは郷里が近く、毛にとって劉は数少ない信頼のおける革命同志だった。一九二一年、中共に入党した劉は、労働運動やストライキの指導者として頭角を現す。

二〇年代後半以降、彼は華北や満洲の国民政府支配地域（白区）に潜入し、党組織を立ち上げる。彼と満洲との関わりはこのときから始まっていた。

三六年三月、劉は中共中央駐北代表として天津に移る。このとき華北の党組織は、国民政府による厳しい取り締まりと、たび重なる抗日運動の失敗によって、崩壊に近い状態にあった。

四月初め、華北の党組織を束ねる中共中央北方局書記に就任した劉は、一〇日、中共河北省委員会が発行していた雑誌『火線』に論文を掲載する。そのなかで華北の党組織が壊滅した原因をこれまでの党内の誤った路線にあったと批判したのだ。彼の考えの根底にあったのは、毛らが決定した方針、すなわち、抗日民族統一戦線を華北で達成することだった。

劉は華北の党組織の再建を推進する。それとともに、広く大衆を味方につけるため、一般の雑誌に偽名を使って抗日民族統一戦線の理論や党の政策について説明した文章をいくつも発表していく。さらに、日本の華北侵略の象徴であった冀東政権を打倒するための工作にも着手したのだ。

三、冀東政権の反共政策に抗い第二次国共合作へ

防共を主要政策に掲げた冀東政権は、冀東地区から共産主義思想を排除するため、徹底的な思想統制を実施する。教育の面では、満洲国の教育機関と協力して、共産主義思想を排除した教科書を作成し、冀東地区の各小中学校に配布した。各学校長には反共政策に協力するよう迫り、教員の思想審査も行う。

冀東政権の厳しい反共政策に対し、劉少奇は北方局組織部長の彭真《ほうしん》（傅懋功《ふぼうこう》）に命じて、冀

東地区で党組織の拡張を図る。同時に、中共党員を会社や工場に潜入させて、労働者に抗日運動に参加するよう呼びかけた。

冀東地区で活動した中共党員のうち、唐山開灤《かいらん》医院で看護士として身を隠した谷雲亭《こくうんてい》（谷《こく》少川《しょうせん》）は、病院で青年らを集めて「抗日自衛同盟」を結成。抗日ゲリラに対し、資金や医薬品を提供して活動を支援した。唐山駅では、中共の地下組織がつくられ、駅を利用する冀東政権の要人の調査や、軍需品の輸送に関する情報が中共側に伝えられる。

これら中共の地下工作によって、抗日運動の機運は冀東地区の民衆の間にも広まった。三六年後半から三七年前半にかけて、冀東各地で冀東政権の支配に反発する民衆の抗議デモが相次いだ。

同じ頃、中共中央は、三六年一二月の西安事件をきっかけに、蔣介石との間で内戦の停止や一致抗日について原則的な合意を成立させる。これを足がかりに、抗日民族統一戦線の結成に向けた動きが進み、三七年九月、第二次国共合作が実現した。

四、保安隊の反乱で冀東政権は事実上崩壊

話を劉少奇に戻そう。冀東地区の民衆を抗日に立ち上がらせると、冀東政権の内部、特に保安隊に共産党員を潜入させ、抗日宣伝を繰り返す。

保安隊は、もともと緩衝地帯の治安を維持する警察機関だ。冀東政権が成立すると、改編されて同政権の隷下に置かれる。保安隊の兵力はおよそ一万五〇〇〇人で、通州や唐山など、

冀東地区の重要都市に配備されていた。

保安隊内部に入った中共党員の黎巨峰《れいきょほう》と王自悟《おうじご》は、保安隊員に抗日救国に向けて一致団結するよう呼びかける。保安隊内で高まった抗日の動きは、彼らを監督していた日本軍との対立を生み出す。尖鋭化した一部保安隊員によって、日本人将校が殺害される事件（古田事件）も発生した。

冀東政権の首府が置かれた通州を守っていた保安隊主力の第一・第二総隊は、満洲事変で満洲を追われた旧東北軍（主に張学良軍）出身者が多く、抗日意識が特に強い。第一総隊長の張慶余と第二総隊長の張硯田も、黎と王から抗日運動に協力するよう働きかけを受ける。さらに、彼らは冀察政務委員会の宋哲元ともたびたび連絡を取り合い、乱を起こす機会を窺っていた。七月二七日、通州周辺の中国軍を掃討していた日本軍の飛行機が保安隊兵舎を誤爆したことは、日本に対する保安隊の反発をいっそう強める。

誤爆から二日後の二九日未明、張らは通州に向けての砲撃を合図に冀東政権に決起。通州城内に押し入り、朝鮮人を含む日本居留民のうち、逃げ遅れた二二五人（二二三人とも）を殺害した。

その翌日、張らは早々と逃亡。まもなく、日本軍の救援部隊が駆けつける。通州事件と呼ばれたこの反乱は、すぐさま鎮圧されてしまったが、冀東政権を事実上崩壊させ、日本の華北侵略に打撃を与えたのだ。さらに、通州事件で政治的混乱の生じた冀東地区には、各県に中共の組織が再建され、抗日根拠地の一角を形成することになる。

通州事件や冀東政権への謀略に劉少奇がどのように関わっていたかは定かではない。しかし、彼の華北での地下活動が、その礎を築いていたことは間違いないだろう。そしてそこには、毛沢東を中心とする中共中央の抗日戦略の一端が垣間見える。

たとえば、通州事件が起きる五日前の七月二三日、毛は抗日救国の実現に向けた方針を八つの項目にまとめた。「八大綱領」といわれたその項目とは、①全国の軍事総動員、②全国人民の総動員、③政治機構の改革、④抗日外交政策、⑤人民の生活改善、⑥国防教育、⑦抗日のための財政経済政策、⑧抗日民族統一戦線の結成だ。

それが、通州事件後の八月一五日、中共中央宣伝部が発表した毛沢東の起草による「中日戦争の当面の情勢と任務についての宣伝大綱」では、さきの「八大綱領」に加え、傀儡政権によって奪われた満洲と華北の失地回復と、中国後方から漢奸（中華民族の裏切り者）を一掃するというふたつの項目を含めた、「抗日救国十大綱領」が提示されたのである。

華北での劉少奇ら中共党員の活躍が、毛に傀儡政権や漢奸も抗日救国を阻む主要な敵であると強く認識させたのではないか。

第二章　通州事件の経過

一、盧溝橋事件発生時の通州城内の警備態勢

盧溝橋事件が起きたとき、通州城内の日本軍兵営には通州警備隊四五人と、通州憲兵分遣隊七人の計五二人が駐屯していた。また、これとは別に冀東政権の指揮下にあった保安隊、警団《けいだん》（警衛大隊）、保衛団（自衛団）などの部隊が通州城内外に分駐し警備にあたる。

もともと、緩衝地帯を警備していた保安隊は、冀東政権成立後、政権麾下の治安維持部隊として改編され、通州のほか冀東地区の重要拠点に配備されていた。

保安隊は二個区隊約三〇〇〇人からなる総隊が五個、総兵力一万五〇〇〇人で構成される。このうち、教育部隊の教導総隊（総隊長殷汝耕）・第一総隊・第二総隊は保安隊の主力だった。彼らは、日本軍から手に入れた新型の野砲四門、迫撃砲数門、重機関銃、軽機関銃を装備していた。そして、それら武器を彼

冀東保安隊砲兵隊（『康徳四年版　満洲国現勢』、扉絵）

らが正しく使えるよう、支那駐屯軍から下士官数名が指導者としてそれぞれの総隊に派遣されていたのである。

いっけん、保安隊と支那駐屯軍の関係は良好そうに思われた。だが、第一総隊と第二総隊の幹部と隊員のなかには、満洲事変で満洲を追われた旧東北軍の出身者が多く、日本と冀東政権に対し強い反発心を持っていたのだ。

警団は冀東政権警務局が指揮する警察組織で、おもに犯罪者の逮捕や秩序の維持にあたる。保衛団は自警団の一種で、冀東地区に一年以上居住した二〇歳から四〇歳の中国人男性が、三ヶ月から六ヶ月間所属した。警団と保衛団の総数は不明である。

盧溝橋事件発生時、通州には保安隊教導総隊と第一総隊第一区隊の計五〇〇〇人あまりが城外に集結して警戒にあたっていた。さらに、一二日には殷汝耕の命令で、冀東地区西部の薊県から第二

図表1　1936年末時点の通州周辺の中国側軍隊の配置（通州領事館警察調べ）

配置場所	部隊名	指揮官	兵数（人）
通州	保安教導総隊	殷汝耕	2884
	保安第一総隊	張慶余	3000
	通州県政府警団	張樹森	570
通州新南門外	第二九軍	傅鴻恩	500
薊県	保安第二総隊	張硯田	900
	薊県県政府警団	玉志剛	750
三河県	保安第二総隊第四区隊	鄒得勝	500
	三河県県政府警団	黄鉞	700
香河県	香河県県政府警団	温首春	500
平谷県	平谷県県政府警団	康徳経	500

注：「昭和十一年在天津総領事館北平警察署通州分署警察事務情況」、「外務省警察史　支那ノ部　在北京公使館附属警察官第一（二冊ノ内）」所収（『外務省警察史』第30巻）をもとに、筆者作成。

総隊第一区隊と第二区隊の一部計約二〇〇〇人が通州城内の通州守備隊兵営付近に移され、警戒態勢が強化される。

同日、支那駐屯軍司令官の香月《かづき》清司《きよし》少将は、今後の作戦の進展に備えるため、通州に駐留する兵数を増やす命令を下す。これを受けて、同軍司令部は一四日、天津に駐屯していた萱嶋《かやしま》高《たかし》大佐率いる支那駐屯歩兵第二連隊（以下、萱嶋部隊）に通州へ移動するよう命じた。

同日夜、天津を出発した萱嶋部隊は、敵兵に遭遇しないよう夜行軍を繰り返しながら、一八日午前、通州に到着。萱嶋部隊は日本軍兵営北側の通州師範学校を借り上げて宿営地とし、次の命令が下るまで、連日訓練に励んだ。

二、保安隊誤爆事件

高い城壁に囲まれた通州城内には、城外の四方を繋

冀東政権成立一周年式典で保安隊を閲兵する殷汝耕
（『康徳四年版　満洲国現勢』、扉絵）

萱島高大佐
（『支那駐屯歩兵第二聯隊史』、扉絵）

ぐ門が五ヶ所ある。そのうち、南側には城内東側の市街地脇に旧南門、城内西側の日本軍兵営の近くに新南門が置かれていた。そのふたつの門のうち、新南門の外側には傅鴻恩《ふこうおん》を隊長とする第二九軍一個営（営は日本軍の大隊に相当）約五〇〇人が寺廟を兵営代わりにして駐屯していたのだ。

傅は盧溝橋事件が起きてから、たびたび日本側に寝返ろうとする態度をみせる。そのため、通州城内に本部を構えていた支那駐屯軍通州特務機関長の細木《ほそき》繁《しげる》中佐は、憲兵を派遣して傅の意図を探らせた。しかし、彼の真意ははっきりしない。

細木は、憲兵からの連絡を受けると、このまま傅軍を放置しておくことは治安上危険と判断する。そして、萱嶋ら連隊幹部と協議した結果、二六日夜、傅に対し、翌二七日午前三時までに武装解除をして通州を離れなければ、日本軍は武力を行使すると通告したのだ。

後に通州憲兵隊長になる荒牧《あらまき》純《じゅん》介《すけ》は、『痛々しい通州虐殺事変』でこう振り返る。このとき細木らは、保安隊に傅軍の武装解除をさせ、日本側はそれを側面で助けることとし、保安隊第一総隊長の張慶余にそれを命じる。だが、張は細木らの要求を一蹴し、「中国人が中国人を撃てるか」と反発してそれに応じなかったのだ。

二七日午前三時、傅軍の動きはなかった。彼らの動向を注視していた萱嶋部隊は、午前四時、小山砲兵部隊（隊長小山哲郎中佐）らを従えて、予定どおり攻撃を開始する。空が白み始めると、通州上空には萱嶋部隊を掩護するため、関東軍から派遣された飛行第一五連隊の飛行編隊八機（九四式偵察機。編隊長平《たいら》長一《ちょういち》大尉）が姿を現す。飛行隊は統制を失った傅鴻恩軍に爆撃を加え四散させる。

通州城南東の旧南門の外側近くに、保安隊幹部訓練所があった。ここは、保安隊教導総隊の付属機関で、日本の陸軍士官学校に相当する。関東軍飛行編隊が傅軍に爆弾を投下すると、その様子を見ようと、幹部訓練所の建物内から保安隊員や学生が外に飛び出してきた。それを上空から見ていた飛行編隊パイロットは、彼らを第二九軍兵士と誤認。幹部訓練所に向けて爆撃したのだ。この攻撃によって保安隊員ら一〇人あまりが死傷する。

荒牧によると、保安隊幹部訓練所の幹部らは、飛行編隊が上空に見えると、冀東政権の旗である五色旗を空に向けて振り、自分たちが第二九軍でないことを示していたのだという。それにも拘わらず、なぜ飛行編隊は彼らを誤爆してしまったのか。

当時、北京特務機関輔佐官を務めていた寺平《てらだいら》忠輔《ただすけ》大尉は『盧溝橋事件』で言う。数日前に満洲から華北に派遣されてきた飛行編隊が、

冀東と冀察の境界線がどのようになっているのか、保安隊訓練所がどこにあるのか、そのような細かい点はわからない。だから今、脚下にとび出して騒いでいる冀東保安隊の姿を見た時、二十九軍の一味に違いない、と即断したのも無理はなかった。


と、情報不足による飛行編隊の判断ミスが誤爆を引き起こしたと考えられる。

いずれにしても、支那駐屯軍側にとって、保安隊への誤爆は寝耳に水のできごとだ。細木

はただちに殷汝耕のもとを訪れ謝罪した。さらに、保安隊幹部を集めて保安隊員の動揺を抑えるよう求める。だが、保安隊幹部や隊員の一部からは、日本軍を非難する怒りの声が公然とあがった。

二七日午後、傅軍を掃討した萱嶋部隊は、支那駐屯軍司令部の命令を受けて、通州に帰還せず、そのまま第二九軍が集結していた北京南部の南苑《なんえん》に向けて移動する。萱嶋部隊と入れ替わるように、通州に通州兵站司令官の辻村憲吉《つじむらけんきち》中佐が到着。通州守備隊の編成を開始したのである。

三、通州事件直前の通州城内の警備態勢

通州守備隊はいかなる部隊か。同隊は、通州事件前日の七月二八日に通州城内の日本軍兵営で編成された。守備隊長の辻村は、一九一二年五月、第二四期生として陸軍士官学校を卒業。その後、歩兵連隊附や、中等学校などで軍事教練を監督指導する配属将校などを長く務めた。

日中戦争勃発後の三七年七月九日、辻村は支那駐屯軍兵站部に異動し、通州兵站司令官に任じられる。彼にとって、作戦部隊での勤務はこれが初めてだった。任務としては、警備隊の指揮や、通州に輸送される軍需品の管理といった兵站業務が主である。

編成完了時の通州守備隊の兵力は、兵站司令部二人、通州警備隊（隊長藤尾《ふじお》心一《しんいち》中尉。以下、

藤尾部隊）四九人、山田自動車部隊（隊長山田正《やまだただし》大尉。以下、山田部隊）五三人、通州憲兵分遣隊（隊長松村清《まつむらきよし》准尉）七人、病馬収容班五人、野戦倉庫二人、軍兵器部出張所二人の計一二〇人であった。

藤尾部隊は通州守備隊の主力だ。しかし、兵器は手榴弾のほか、軽機関銃二丁と擲弾筒二本しか所持しておらず、戦力としてははなはだ不充分だった。当時、藤尾部隊は兵営の門と旧南門の警備に加え、通州城内の警戒態勢を強化するため、新南門を抑え、そこを出入りする人々の監視を行う。

山田部隊は、通州に糧秣や弾薬を輸送する命令を受けて、辻村とともに二七日夜、通州に到着する。同隊は輸送を専門にしていたため、装備らしい装備は数えるほどしか所持していなかった。二八日、山田部隊の一部は、傅軍の掃討作戦で負傷した萱嶋部隊の兵約四〇人を天津に輸送する。残りは新たな命令があるまで通州城内に待機するよう指示された。

通州守備隊が駐屯した兵営は、通州城の西門を通って北京につながる通称北京街道と、新南門を抜けて天津に向かう天津街道とが交差する場所に建つ。

四方を土壁で囲まれた兵営には、ふたつの街道に面してひとつずつ門があった。そこをくぐると、兵営内の中央と北東側、北西側にはそれぞれ守備隊員を収容する木造の小さな兵舎が数棟見える。その兵舎のうち、北東側のみ高さ四メートルのレンガ造りの壁で周囲が覆われ、その南側に兵営の外が監視できる高さ六メートルの望楼が建っていた。兵営土壁の内側には防御のための散兵壕が掘られる。さらに、外壁の四隅には軽機関銃が設置できる陣地が築かれていた。通州警備隊は中央の兵舎、それ以外は北東の兵舎をそれぞれ利用した。

通州守備隊のほかにも、通州城内には日本側の機関として通州特務機関と通州領事館警察がある。

通州特務機関は支那駐屯軍司令部の指示のもと、約五〇人態勢で冀東政権の各保安隊や冀東地区の各県政府顧問として現地指導にあたった。そのため、通州に残っていた機関員は少なく、当時、同機関に残っていたのは細木機関長をはじめ、甲斐厚《かいあつし》少佐ら十数人だけだ。警備態勢についても防御用の軽機関銃や拳銃があるだけで、普段は何ら武装をしていない。

通州領事館警察は、分署長の日野誠《ひのまこと》直巡査部長を含む計四人が日本居留民の保護と取り締まりにあたっていた。だが、分署は前年の一〇月一日に開設されたばかりで、日野らはまだ通州の詳しい事情がはっきりとわかっていない。

通州の日本居留民も自衛のための組織として、在郷軍人会通州分会と日本義勇隊の二団体を組織していた。どちらの団体も所属会員は五〇人ほど。有事に備えるため、毎月一、二回日本軍兵営で軍事教練を受ける。だが、どちらも欠席者が多く、組織として事実上機能していなかった。

このように、通州事件前日における通州城内の日本側の警備態勢は盤石とはいえず、およそ四〇〇人いた日本居留民を守るには、戦力がやや乏しかったといえよう。

四、軽視された通州領事館警察からの警告

保安隊誤爆事件の混乱が残る二八日昼、ある日本居留民が、通州城内で保安隊員が車や人夫を使って自分たちの荷物を城外に運び出している光景を目撃する。

同じ頃、別の日本居留民は、保安隊員が通州守備隊兵営近くの日本居留民の家屋を調べ歩き、その家の壁にチョークで「△」や「×」の印をつけて回る行為を見た。日本居留民の一部は、いつもとは違う保安隊員の不審な行動に得もいえぬ不安を覚える。彼らは、その日の夕方頃から守備隊兵営や通州城外に避難を始めた。

保安隊を統括する冀東政権や通州守備隊は、その保安隊の行動の変化を感じ取っていたのか。同日昼、満鉄嘱託職員の梨本祐平《なしもとゆうへい》が、通州城北門近くの冀東政権政庁を訪れ、殷汝耕と会談した。

梨本は通州に来る前、支那駐屯軍参謀の池田《いけだ》純久《すみひさ》中佐からある依頼を受けていた。それは、殷汝耕に対し、第二九軍の敗残兵が冀東地区に逃げ込まないよう治安維持を徹底するように伝えてほしいということだった。

『中国のなかの日本人』によると、梨本から池田の伝言を告げられた殷汝耕は、日本留学で身につけた流暢な日本語で、次のように答えた。

冀東政府人の保安隊は、皆私に心服している。この保安隊員が治安の維持に当って

いるので、少しも心配はない。むしろ、北京から通州に難を避けて逃げ込んでくる者も相当いる位で、冀東は全く別天地です。池田参謀にも左様お伝えください。

梨本は、事態を楽観視してはいけないと忠告する。だが、殷はこう答えて、梨本の懸念を振り払った。

　私は中国人として中国人の感情はよく知っています。抗日もありますが、反蒋も強いものです。池田参謀によくお伝え下さい。冀東の治安は絶対にご心配は入りません。

このとき、殷は保安隊が不審な行動をとっていることにまったく気づいていなかったのだった。

通州守備隊はどうか。同日午前、辻村は藤尾から通州城内の警備状況について説明を受け、城内を視察に回る。それが終わると、彼は殷や細木らのもとを訪れ、着任のあいさつを行う。夕方になると、傅軍の掃討戦で命を落とした萱嶋部隊将兵の告別式に参列した。

山田部隊は同日夜、兵站本部の田《た》坂専一《さかせんいち》中佐から、翌二九日に北京北方の高麗営に進んだ独立混成第一一旅団（旅団長鈴木《すずき》重康《しげやす》中将。以下、鈴木旅団）に燃料と弾薬を補給するよう命じられ、その準備に取りかかった。

辻村ら通州守備隊は、通州に来たばかりだったことに加え、それぞれの業務に追われ、保安隊の変化や不安を募らせていた日本居留民の様子に目を遣る余裕がなかったのだった。

冀東政権首脳や通州の日本側機関のほとんどが保安隊に何ら疑いの目を向けないなか、通州領事館警察だけは以前から保安隊の不審な動きを察知していた。

通州城内でときおり開かれていた日本側関係機関と日本居留民代表らによる治安会議で、通州領事館警察の日野分署長は、保安隊の動きに注意するようたびたび警告を発する。だが、この日野の忠告に、通州特務機関は日本人顧問が保安隊の行動を統制しているため、心配に及ばないと反論して聞き入れなかった。

その後も領事館警察は、保安隊の不審な行動の原因を探るため、監視を強化する。通州事件前日の七月二八日夜一〇時、領事館警察は、通州城内を活発に動く保安隊員の姿を確認し、ただちに通州守備隊と通州特務機関に注意を促した。

さらに、二九日午前二時頃、分署員が通州守備隊兵舎の方へ移動している保安隊の集団を目撃。再び守備隊と特務機関に連絡する。

通州特務機関は、領事館警察からのたび重なる警告でようやく保安隊の異変を認識した。そして、すぐさま保安隊第一総隊日本人顧問の村尾《むらお》昌彦《まさひこ》に電話で保安隊の不審な行動を調査するよう命じたのだ。

しかし、村尾は、保安隊が日本軍の命令を受けて郎坊事件の援軍にかり出されたのであろうと判断し、すぐに調査することなく就寝した。通州事件はこの直後に起きたのだ。

かりに、通州特務機関などが保安隊に対する領事館警察の警告を早く聞き入れていれば、通州事件は未然に防げた可能性がある。
「香月清司中将回想録」（『現代史資料12』所収）によると、通州事件の現地での日本側の最高責任者である香月司令官は、後に日中戦争について調査をしていた竹田宮恒徳王《たけだのみやつねよし》に対し、保安隊の異変を察知できなかった理由について次のように答え、支那駐屯軍側に責任があったことを認めたのだ。

　先程も申しました如く段々兵力は少くなるものですから、絶対的に勝利を得て非常な効果を挙げると云ふ為にはどうしても前線へ多く（将兵を――広中注）出さなければならないと思ひましたし、又勝利を得る為には居留民の保護及交通線の確保等も抛棄とまでは行かなくても之を軽く見ても差支えないと考へて居りましたし、殊に通州の如きは殷汝耕が政務委員長をして居る冀東政府の所在地でありますから、あれに叛乱が起るとは全く思って居りませんので、特に顧慮して居りませんでした……殊に細木中佐は殷汝耕を信頼して居りましたから……然し之は後で判ったのでありますが、実はあの叛乱も前から徴候はあったと云ふことであります。只それが吾々に判らなかったと云ふのは、当時軍事顧問と云ふものを軍が確かり《ママ》握る制度になって居らなかったと云ふ点に原因があります。

「軍事顧問と云ふものを確かり握る制度になって居らなかった」とは、支那駐屯軍司令部が通州特務機関をとおして、保安隊の日本人顧問を充分に統制できておらず、結果的に保安隊の不審な行動を察知できなかったことを意味する。

五、通州事件の発生

七月二九日午前三時、通州守備隊のもとに新南門で警戒にあたっていた通州警備隊の衛兵から連絡が入る。門外の旧傳鴻恩軍兵営付近で銃声が聞こえたという。藤尾警備隊長は、ただちに新南門を守備していた柏原朝男《かしわばらあさお》分隊長に電話で状況を確認する。

連絡を受けた柏原は、自らも銃声を耳にしたため、現在、新南門楼上を抑えて警戒を強化していると答えた。藤尾は日本軍に撃退された第二九軍の敗残兵が傅軍の兵営を奪い返しにきたとみて、通州守備隊兵舎内に待機していた警備隊各分隊を緊急招集する。

藤尾が分隊長らと対応を協議するため、兵舎内の電灯を点けたところ、それを狙うかのように周囲から猛烈な銃声が鳴り響いた。彼はすぐさま消灯し、薄暗いなかで平時に作成した警備計画に基づき、各分隊を兵営の壁面と兵舎屋上に配備する。さらに、山田部隊に連絡し、警備隊に協力して野戦倉庫と病馬収容班の厩舎を守備するよう指示した。

鈴木旅団に軍需品を運ぶため、夜明け前から準備を始めていた山田部隊も、銃声を耳にして第二九軍の襲来とみなす。すぐさま、部隊所属の各小隊を望楼や兵舎周囲などに配置して、敵の動きを探った。

新南門楼上の柏原分隊は、閉ざされていた新南門を突破して城内に入りこんだ敵から激しい攻撃を受ける。彼らの正体はわからない。わずか六人の柏原分隊は、手榴弾を投げて抵抗したが、敵の挟み撃ちに遭い、柏原を含む六人全員が戦死した。

新南門を抜けた敵は、午前四時過ぎ、天津街道を進んだ先の通州守備隊兵営にたどり着き土壁を取り囲む。さらに、その一部は土壁を乗り越えて兵営内に侵入。守備隊兵舎や野戦倉庫の一角にまで入り込んだのだ。

通州守備隊が、通州城内に入ってきた敵が反乱を起こした保安隊であると知ったのは、夜が白み始めた午前四時三〇分頃のことだった。

通州守備隊に反旗を翻したのは、保安隊第一総隊長の張慶余と第二総隊長の張硯田に率いられた通州駐屯の保安隊教導総隊二個区隊

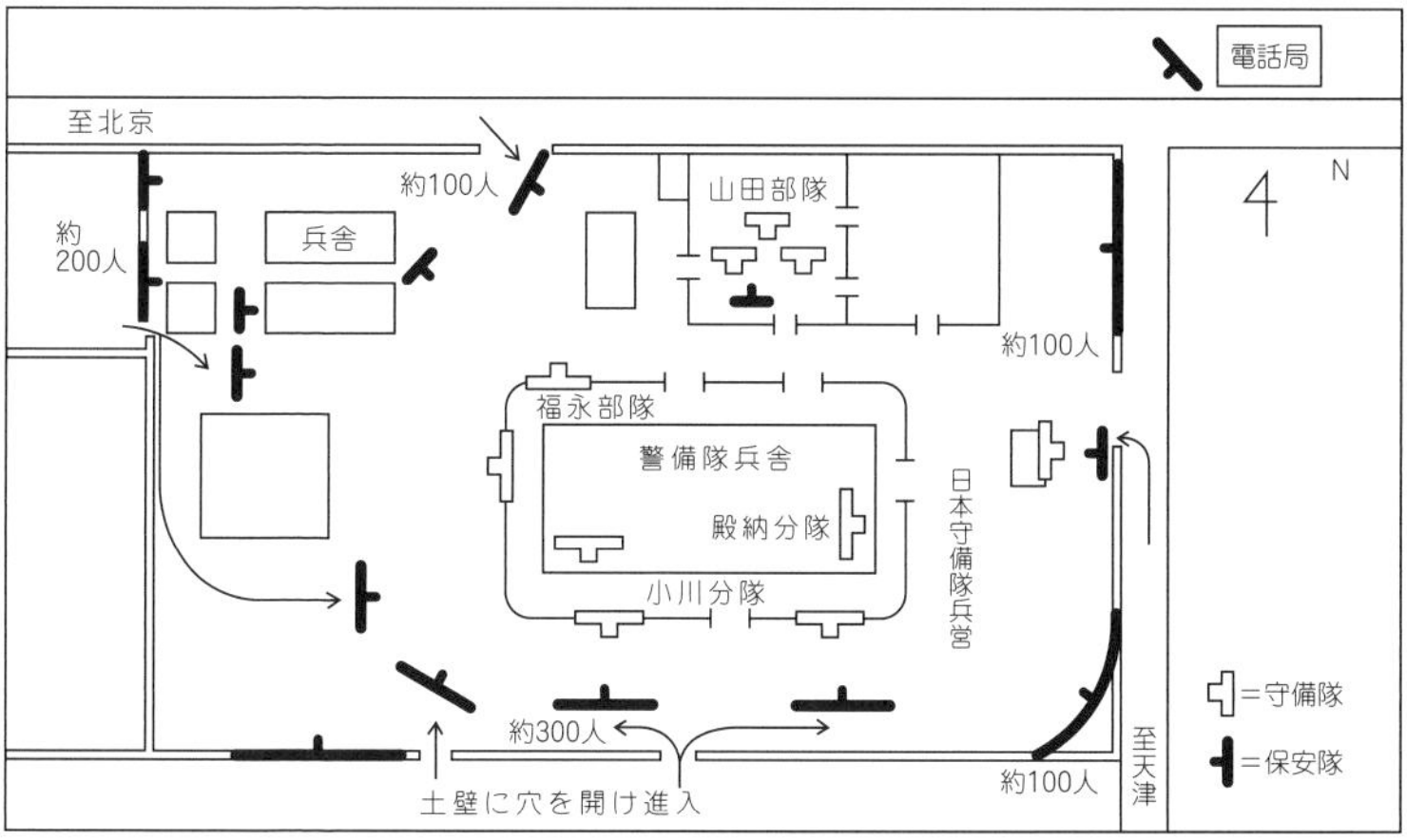

図表2　通州事件発生直後（七月二九日午前四時頃）の通州守備隊兵営
（出所）「通州付近辻村部隊戦斗経過要図（其一　本文第一時期）」（支那駐屯軍兵站部通州兵站司令部「昭和十二年七月　七月二十九三十日　於通州附近戦闘詳報」〔以下、「通州兵站司令部　戦闘詳報」〕をもとに筆者作成。

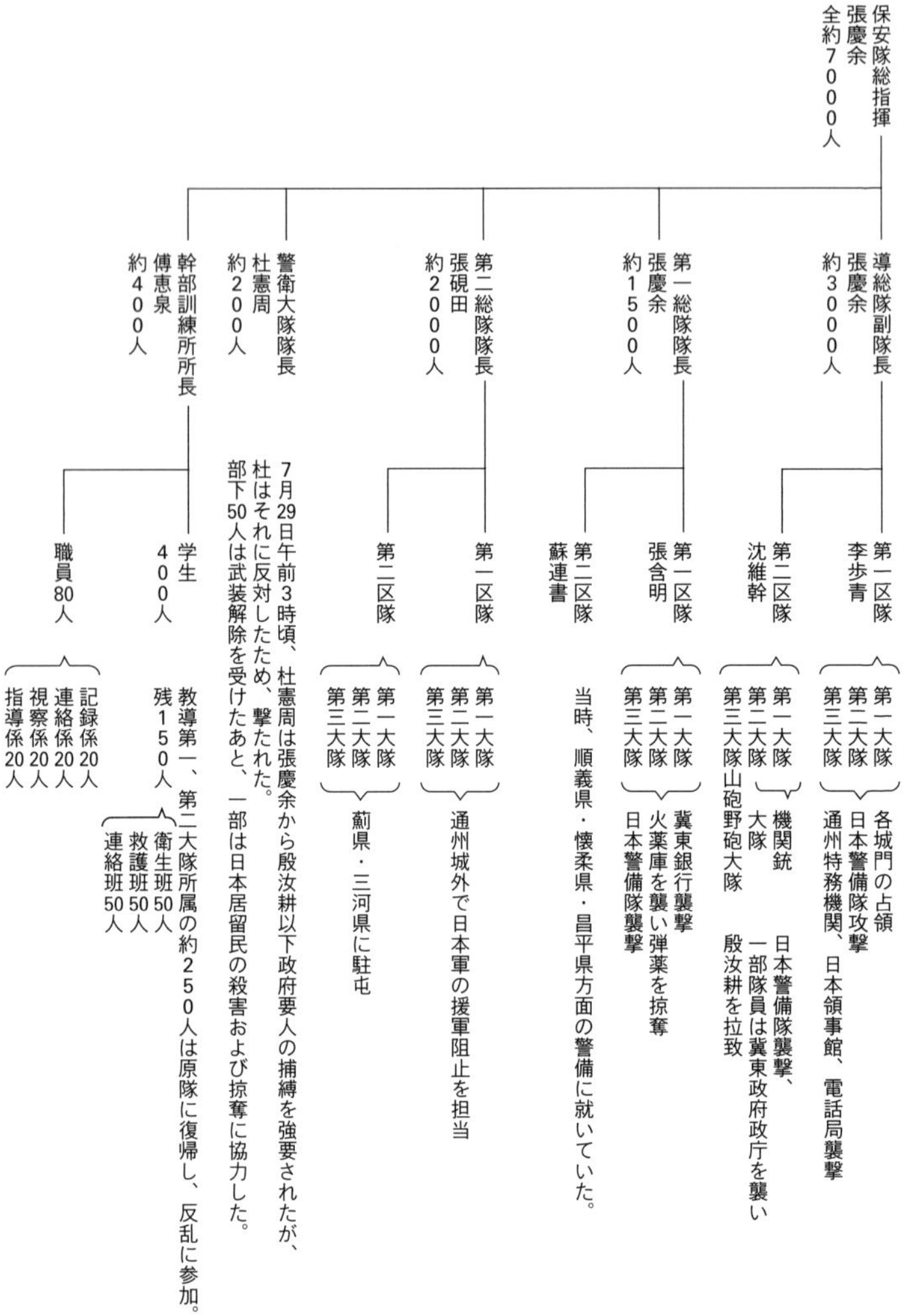

図表3　反乱を起こした保安隊の位置と役割

注：「通州兵站司令部　戦闘詳報」をもとに筆者作成。見やすさを考慮して、原文中の語句を一部修正した。兵数の誤差はそのままとした。

約三〇〇〇人、第一総隊一個区隊約一五〇〇人、第二総隊二個区隊約二〇〇〇人のほか、警団約二〇〇人、幹部訓練所所属の学生約四〇〇人の計約七〇〇〇人であった。

張慶余らはどのようにしてこれだけの兵力を反乱に動員できたのか。張は、保安隊第一総隊長と教導総隊副総隊長を兼務し、名目上の総隊長だった殷汝耕の代わりに、教導総隊を実質的に指揮していた。また、張慶余の第一総隊と張硯田の第二総隊の各隊員は、ふたりに従って反乱に加わる。

『痛々しい通州虐殺事変』によると、保安隊幹部訓練所では、反乱直前、張慶余の命令を受けた幹部訓練所教育長の傅《ふ》恵泉《けいせん》が職員と学生全員を講堂に集めて、次の旨の訓示を述べたという。

吾々は平素日本側に圧迫されて堪え難き屈辱を忍んでいた。殊に日本軍は今回の日支交戦に当り吾等保安隊の武装没収を要求しておる。斯かる無謀なる要求には断じて屈従するを得ない。即刻日本軍に挑戦し平素の屈辱を雪がねばならない。

実際に傅が言ったとおり、日本軍が保安隊の武装を没収しようとしたのかはわからない。彼は訓示を言い終えると、一部を残して幹部訓練所の学生を保安隊の原隊に復帰させ、各隊長の指示に従うよう命じた。

警団にも張慶余から隊長の杜《と》憲周《けんしゅう》に対し、殷汝耕以下冀東政権要人を捕縛するよう命令が出る。だが、杜はそれを拒絶したため、まもなく、かけつけた保安隊に銃撃されてしまう。その後、杜の部隊は保安隊とともに反乱に参加した。

保安隊が乱入した通州守備隊兵営ではどのような戦いが繰り広げられたのか。兵営中央の守備隊兵舎の壁際には、藤尾部隊の小川分隊と福永分隊が身を隠していた。彼らは保安隊からの銃撃をかわしながら手榴弾で応戦する。そして、保安隊がひるんだ隙に突撃を加えて撃退した。

その様子を兵舎屋上でうかがっていた殿納《とののう》分隊は、兵営外へ逃げようとする保安隊に向けて発砲し追い打ちをかける。藤尾は、圧倒的な劣勢にも拘わらず善戦する各分隊を激励に回った。だが、その途中で彼は保安隊が放った銃弾を胸に受けて亡くなってしまう。

保安隊に襲撃された通州特務機関の建物（絵はがき、筆者所蔵）

兵営北側を守る山田部隊では、望月小隊が軽機関銃分隊と通州憲兵分遣隊をともなって望楼に立てこもる。彼らは壁面に作られた銃眼から土壁を越えて侵入しようとする保安隊に向けて発砲した。しかし、殺到する保安隊に銃撃だけでは応戦できず、手もとにあった手榴弾と擲弾筒を次々と放って保安隊の前進を食い止める。これに対し、保安隊も銃眼を目がけて乱射し、その衝撃で望楼の一部が崩壊した。また、このときの保安隊の銃撃によって通州憲兵分遣隊の松村隊長が命を落とす。

兵営北西側の空き兵舎に陣取った郡司小隊は、保安隊の攻撃で窮地に陥っていた病馬収容班を救い出した。さらに、兵舎北西側の壁から侵入しようとした保安隊に手榴弾を投げつけ追い払う。

戦闘開始から六時間後の午前一〇時頃、保安隊は通州守備隊の反撃に敗れ、兵営内から撤退する。だが、彼らはまもなく、兵営の外側から土壁を包囲すると、壁に穴をあけて銃眼を作り、兵営内の守備隊を銃撃した。

一一時頃、兵営内に砲弾が撃ち込まれ始める。これは何か。当時、通州の電話局に務めていた于祥《うしょう》は「回憶通州事件的前前後後」（『河北文史料選輯』第六輯所収）で振り返る。それによると、砲弾を放ったのは、守備隊兵営東北側の冀東民衆教育館の屋上に据えられた保安隊の野砲だった。

このとき、兵営内の野戦倉庫前には、弾薬を積んだ車輌一七台が駐車していた。これは、この日の朝に山田部隊が鈴木旅団に送り届けるものである。

冀東政権政庁辦公室（『冀東画報』、1頁）
ここで起居していた殷汝耕は保安隊に拉致された。

正午頃、命中精度を増した保安隊の野砲弾が兵舎を越えて車両に命中し大爆発を起こす。

さらに、その火花が車両近くに置いてあったガソリンに引火し黒煙が通州の空を覆ったのだった。

六、通州日本側機関への襲撃と冀東政権の崩壊

保安隊は通州守備隊兵営を襲うとともに、通州域内東部の市街地に進入する。そして、日本軍の関連機関や冀東政権の施設各所を次々と襲う。特に保安隊の標的とされたのが通州特務機関と、冀東政権の中枢で殷汝耕の執務室兼住居となっていた政庁であった。

通州の東門近くにあった通州特務機関では、甲斐少佐をはじめ機関員らが防御用の拳銃と軽機関銃を持ち出して、保安隊の襲撃に備える。また、特務機関の情報室に保管されていた暗号書など機密書類一式が保安隊の手に渡らないよう、室内にガソリンを撒いて、部屋ごと書類を焼き払う。

特務機関正面の門を破って乱入した保安隊は、特務機関室の窓の外から室内に向けて銃を乱射した。甲斐ら機関員は室内に入ってきた保安隊員に抵抗したが、結局、全員殺害されてしまった。

冀東銀行本店（絵はがき、筆者所蔵）
冀東政権の中央銀行として冀東銀行券を発行していた。

通州特務機関が保安隊に襲われる直前、細木機関長は殷汝耕の身柄を守るため、特務機関を飛び出し、政庁まで車を走らせた。政庁は特務機関の北側、燃灯仏舎利塔脇の孔子廟（文廟。現三教廟）の中にある。

細木が政庁の正門に到着すると、すでに政庁は保安隊の襲撃を受けていた。細木の車はすぐさま正門で警戒中であった保安隊員に包囲される。細木は車内から銃で応戦したが、結局、保安隊員の集中砲火を浴び亡くなったのだった。

冀東政権政庁が保安隊に襲われたときの様子はどうだったか。事件発生三日後の八月一日の『東京日日新聞』号外に新聞記者の取材に応じた殷汝耕の体験談が掲載されている。

> 当時、自分は睡眠中であったが、時ならぬ物音に眼をさまし、飛び起きた時にはすでに遅く、叛乱兵は壁を乗り越え戸を蹴破って自分の寝室に侵入して来た。敵は無数、自分はたゞ一人。最愛の妻達は天津に行ってゐたので、割合に心も平静で、かれらのなすがままに委せ監禁されてしまった。

通州特務機関で保安隊と戦う甲斐少佐のエピソードは、すぐに挿絵にされて「美談」となった。これを描いた富永謙太郎は、当時の著名な挿絵画家のひとり（「死は覚悟の前」、『家の光』第13巻第10号、産業組合中央会、1937年10月）

保安隊に捕らえられた殷汝耕は政庁から拉致され、通州城内の保安隊第一総隊本部に身柄を拘束された。

通州特務機関と冀東政権政庁を襲撃した保安隊の一部は、その後、通州城内の冀東銀行に押し入り、金庫の中の現金を強奪。さらに、通州の電信局や電話局も占拠して、通州と外部との通信を断ち切る。

午前三時三〇分、保安隊は通州特務機関近くの通州領事館警察を襲う。警察官舎には増員されたふたりを含む六人の警官とその家族が武器を持って籠城していた。官舎内に押し入った保安隊は、警官と

図表4　通州事件の経過

月日	時　間	事　　項
7月28日	午後10時	通州領事館警察が保安隊の不審な行動を確認し、通州守備隊と通州特務機関に連絡。
7月29日	午前2時	同上。
	午前3時	通州新南門外などで保安隊が反乱（通州事件発生）。
	午前3時半	保安隊が通州守備隊兵営、冀東政権政庁、通州特務機関、通州領事館警察などを襲撃。
	午前4時	保安隊が通州守備隊兵営に侵入。日本居留民が保安隊に襲われる。
	午前5時35分	通州守備隊から酒井旅団に救援要請。
	午前10時	保安隊が通州守備隊兵営から撤退し、兵営外壁を包囲。
	午前11時	保安隊野砲が通州守備隊兵営を砲撃。
	午前12時	日本軍飛行機が保安隊を爆撃。
	午後	通州守備隊と保安隊との散発的戦い。
7月30日	午前2時	支那駐屯軍司令部が萱島部隊に通州守備隊の救援を命令。
	昼	日本軍飛行機が保安隊を爆撃。保安隊が通州から撤退開始。
	午後4時20分	萱島部隊が通州到着。
	夕方	保安隊が北京安定門で武装解除。

注：「通州兵站司令部　戦闘詳報」をもとに筆者作成。時間は各事項のおよその発生時点。

その家族らに向けて銃を乱射する。

この襲撃により、日野分署長ほか警官全員が死亡した。生き残ったのは、わずかに一命を取りとめた浜田末喜巡査の妻シツ（静江）と、石島《いしじま》戸三郎《さぶろう》巡査の男女ふたりの子どもだけだった。「通州在留官民遭難概況」によると、長女はまもなく保安隊員が腕に抱えてどこかに連れ去られたが、長男は石島宅で働いていた使用人の中国人が保護した。

後に、通州事件の犠牲者を追悼するために通州を訪れた東本願寺従軍布教使の三角貫思《みすみかんし》は、「蕭々秋風　死の都ii通州（六）―従軍日記の一説から―」（『中外日報』一九三七年一〇月二四日）で、保安隊に襲われた浜田巡査宅の様子を次のように語っている。

上／通州領事館警察の警官6人が保安隊に殺害されたことは、日本で大きく報じられた（『読売新聞』1937年8月4日夕刊）。
下／通州事件で一命をとりとめた通州領事館警察の故石島巡査長の男児は、中国人に匿われた後で日本側に引き渡され、石島の遺骨とともに日本に帰国した（『読売新聞』1937年8月25日夕刊）。

暗い興奮を抱いて部屋の中に入れば、これといふ目ぼしいものは皆掠奪されてゐる。在るものは紙屑や布片のボロばかりである。警官はそのボロ屑の中から、一枚のボロボロになった浴衣をつまみあげた。「これが奥さんが撃たれた時の着物です」といふ。胸部あたりベットリと牡丹の花の様に鮮血が残ってゐる。

冀東政権と通州の日本側各機関を襲って都市機能を完全に麻痺させた保安隊は、ついに、あらかじめ印をつけておいた通州の日本人居留民宅への襲撃を開始した。

七、日本居留民の殺害

通州事件で日本居留民が殺害された状況は、事件後、通州から逃げのびた生存者の証言によって明らかにされた。ここでは、代表的な三つの証言を取りあげる。

(一) 村尾こしの（村尾昌彦保安隊第一総隊日本人顧問の妻）

村尾こしのは、七月三一日、東アジア一帯にネットワークを持つ日本最大のニュース配信会社、同盟通信社（戦後、共同通信社と時事通信社に分離）の取材に応じた。三七年八月一日『読売新聞』朝刊に、彼女の通州事件の体験談が次のように掲載される。

初めて私共が不安を感じたのは廿八日の夜十時ごろでした。どうも様子が変なので、危険と見て避難の用意をしているうち、廿九日午前二時になると、遽かに表が騒がしくなったので、夫は直ぐに武装を整へてゐると、保安隊の人が迎へに来て、表の方へ出ようとする途端、三発の銃声が聞こえ、夫はその場に倒れました。

こしのは夫を殺害した保安隊員に飛びつき抵抗を試みた。だが、逆に保安隊員に拳銃で殴打され、頭部を負傷する。この様子を村尾家で働いていた中国人の使用人（ボーイ）が目撃していた。こしのによると、

支那人のボーイが危ないからと云って、親切に私を物置に隠し、体の上を新聞紙や薪で蔽って呉れたので、わたしはそのまゝ息を殺して隠れてをりました。

保安隊が村尾宅から去ると、彼女は殷汝耕の秘書を務めていた孫錯《そんさく》の家に避難する。そして、三〇日夜、孫の日本人妻とその子どもらとともに、中国人に扮して通州

日本軍に保護された村尾こしの（左端）
（『東京日日新聞』1937年8月7日朝刊）

を脱出した。

㈡安田正子（通州植棉桶指導所主任安田秀一の妻）と浜口茂子《はまぐちしげこ》（同所員浜口良二の妻）

通州植棉指導所は、冀東地区での綿花増産を目的に設立された冀東政権実業庁所管の組織である。安田秀一と浜口良二《はまぐちりょうじ》らは冀東政権の要請を受けて、満洲棉花協会から派遣されてきた綿花栽培の指導者だった。彼らは通州郊外の小街《しょうがい》村にあった六〇ヘクタールの土地に採種圃を開設し、優良品種を増殖させる研究や農民の指導にあたる。

安田秀一・正子夫妻は、通州城内西門近くの通称安田公館と呼ばれた広い庭を持つ屋敷に住んでいた。ここの敷地内には、安田夫妻の邸宅のほか、指導所員の石井亨《いしいとおる》・シゲ子夫妻宅、浜口良二・茂子夫妻宅、ならびに応接室として使っていた建物などが建つ。

通州事件の前夜、安田公館には安田・石井両夫妻、浜口茂子、ならびに良二の妹の浜口文子、満鉄から北寧鉄路局の通州棉作試験場に派遣されてきた日本人職員四人の計一〇人が身を寄せ合う。棉作試験場の四人は、試験場の周辺が急に物騒になり、慌てて安田公館に避難してきたのだ。このほか、浜口良二は連絡宿直として、冀東政権政庁に出向いていた。もともと、宿直の当番は安田秀一だったが、臨月を迎えた正子の出産準備に追われていたため、急遽、浜口良二が代わる。

二九日午前四時、銃声に気づいた安田らは、全員すぐに安田公館の応接室に集まり、息を潜めて身を隠す。応接室には三丁の護身用の拳銃がある。だが、安田らは自分たちが抵抗しなければ、敵も襲ってこないだろうと楽観視していた。

その安田らの思いとはうらはらに、午前六時過ぎ、安田公館に押し入った保安隊は、応接室に進むと、無抵抗で室内にいた安田らに向けて銃を乱射したのだ。そのときの様子を浜口茂子は、「通州事件遭難記」（『通州事件の回顧』所収）で次のように語る。

そのとき私ら女たちは、毛布やふとんをかぶって息を殺して伏せていたのですが、安田さんの奥さんが、ちょっと起きあがろうとされたとたんに、たまが飛んできて左下腹にあたり、どっとその場に倒れられましたので、ご主人（安田秀一——広中注）がとんでこられて、「しっかりするんだ」と励まして、奥さんと私の手をしっかり握ってくださいました。そのとたんに、こんどはご主人のこめかみに弾丸が命中して、あっという間もなく、私らの手をもったまま、悲壮な最期をとげられたのでございます。

このとき、茂子も保安隊に銃剣で背中を刺され、傷が肺にまで達した。しかし、幸いにも安田正子とともに一命をとりとめる。

浜口良二（加納満智子所蔵）
冀東政権政庁内で殺害された。

結局、応接室にいた一〇人のうち、生き残ったのはこの二人だけだった。同じ頃、浜口良二は冀東政権政庁で同じく保安隊に襲われ、命を落とす。

八月五日の『読売新聞』朝刊によると、保安隊が安田公館から去ったあと、安田正子は浜口茂子と屋外に出る。二人は通州城内をさまよっているうちに、「漸く親切な家主の支那人の家に行き、奥の一室にかくまって貰ひ不安の二夜を過ごし」たのである。

幼い子どもを抱える安田正子（左）と浜口茂子（加納満知子所蔵）。

村尾、浜口、安田のケースは、いずれも通州の中国人住民に匿われて助かっていた。通州事件は、通州にいたすべての中国人が日本居留民の殺害に係わったと想像しがちだが、事件を起こしたのはあくまでも保安隊であり、通州の中国人住民までも日本居留民の殺害に加わっていたわけでないことは留意しておかなければならない。

㈢ 安藤利男（同盟通信社特派員）

七月二八日夕方、安藤利男《あんどうとしお》は、冀東政権政庁で殷汝耕に時局問題について取材を行っていた。二九日午前零時半、取材を終えた安藤は、政庁近くの池の畔に建つ旅館、近水楼《きんすいろう》に宿泊する。ここは大阪汽船の子会社、東方観光株式会社が経営していた通州で一、二を争う人気旅館だった。当日も多くの日本人客で賑わいをみせる。

午前四時、安藤は銃声で目を覚ます。彼は外の異様な雰囲気に恐怖を感じ、ほかの宿泊客や従業員とともに旅館の二階で身を潜めた。そこにはときおり中国人の使用人が現れ、旅館の外の様子を報告する。それにより、彼らは保安隊が反乱を起こし、通州城内の日本居留民が殺害されていることを知ったのだった。

安藤利夫
（『読売新聞』1937年8月2日朝刊）

安藤らが二階に隠れてから六時間以上たった正午過ぎ、突然、旅館が保安隊の砲撃を受ける。それと同時に、屋根裏から保安隊員が進入し、安藤らを発見したのだ。保安隊員は彼らが身につけていた金品をすべて奪い取ると、安藤をはじめ男性宿泊客の腕を縛って数珠つなぎにし、屋外に出るよう促す。安藤が階段を下ると、そこに血を流した男女の遺体が横たわっていた。

彼らは保安隊に拳銃で背中を押されながら、冀東政権財政庁の庭まで連行される。そのときのことを安藤は「虐殺の通州を脱出して」（「本邦対内啓発関係雑件　講演関係　日本外交協会講演集　第三」所収）という講演会でこう述べる。

其処に行くと、約六七十名の内鮮人が既に先着して居って、軒下《のきした》に、男は矢張り腕を繋がれ、女は其の儘《まま》で、首をうな垂れて元気がない。そこに我々十三人が新に加へられて、「貴様等は喋ってはいけない」と言はれて監視兵を附けて置かれた。（広中略）誰も自分の命がどうなるだらうか判らぬと云ふ恐怖の中に、遭難の事情を語る人もあり、「くやしい〳〵」と言ひながら前日の様子を説明する女もあり、中には「私は今度の事件では千両ばかり取られて、えらい損をしました」とまるでもう事件が済んだものの様に楽観的なことを云ふ商人風の男もある。

まもなく、安藤は保安隊員から通州城内の「銃殺場」に連行されると告げられる。

この儘では必ず殺される。何とかして逃げなければいけない。このまま銃殺されてしまへば、斯んな重大な事実を誰にも言はないで、どんな事があったのかも一般の日本人は知らないで済んでしまふ。しかも昨日までは、（保安隊は——広中注）政府を訪ねれば私等の案内をして、長官も私に会ったのに、今日は殺されなければならない。そんな馬鹿なことがあるものか。自分には報道の任務もある。

彼は保安隊の厳しい監視下のもと、逃亡の機会をうかがう。少しして、保安隊に拳銃を突きつけられながら「銃殺場」までの道のりを歩く。すると、ふと、私の右腕を縛って居る麻縄が一尺五寸ぐらゐの所で太い麻縄に結ばれて居るのを発見した。この結び目を解けと思って、非常に危険な仕事ですが、警戒しながら歩調を稍々緩めた。必ずしも一列縦隊ではないから、先頭と云っても私だけが常に前になる訳でもない。他の人も前にちょっと出ることがある。そして私が歩調を緩めるから縄が緩む。其時に斯うやって左手を体の前から右側に延ばして結び目を摑へた。そこで歩きながら死にもの狂ひの力でやると、結び目が遂に解けた。「しめた。之さへ摑《つか》んで居れば宜い」と、如何にも縄を持って居るやうに見えるが、実は解いた結び目をしっかり握って居った訳です。

彼らが連れてこられた「銃殺場」は、北門近くの通州城内側の壁際にあった。そこは城壁に向かって土が盛られている。銃撃の際は、この土の斜面に居留民が標的として立つことになっていた。

安藤は、保安隊員に急き立てられて斜面を登り始める。そして、すぐさま保安隊員の隙を見て城壁の頂上まで駆け上がり、城外に向かって高い壁を一気に飛び降りたのだ。脱出に成功した安藤は、一目散に通州を背にして走り去る。それから三日後の八月一日、北京で日本大使館員らによって保護された。

安藤の体験は、早くも八月二日の日本主要各紙で報じられ、日本国民に通州事件の悲惨な状況が明らかとなっていく。

八、通州事件を隠蔽しようとした支那駐屯軍司令部

通州守備隊は、保安隊の攻撃に応戦する一方で、支那駐屯軍司令部や通州付近に駐屯する日本軍部隊に対し、救援を求める電文を送り続ける。通州と外部との通信は保安隊によって遮断されていたはずだった。しかし、幸いにも数通の電文が外部に届き、通州城内の様子が伝えられたのだ。

通州守備隊が発した救援の電文のなかで、現在確認できるもっとも早いものは、事件が発生してからおよそ二時間半後の二九日午前五時三五分、辻村部隊の名で高麗営の鈴木旅団と冀東地区内の密雲県に集結していた独立混成第一旅団（旅団長酒井《さかい》鎬次《こうじ》少将。以下、酒井旅団）に宛てた電文だ。酒井旅団は、もともと関東軍の隷下にあったが、日中戦争勃発後、支那駐屯軍に転属していた。辻村は午前六時一二分に北京の支那駐屯歩兵旅団司令部（北京守備隊。旅団長河辺《かわべ》正三《まさかず》少将）宛、午前七時三〇分に酒井旅団、ならびに橋本群支那駐屯軍参謀長宛にもそれぞれ救援の電文を発する。

辻村から連絡を受けて、支那駐屯軍司令部ではどのような対応がとられたか。陸軍省軍務局新聞班の松村秀逸《まつむらしゅういつ》少佐は、軍務局長の後宮淳少将の命令で支那駐屯軍の報道業務を補助するため、七月一〇日から同司令部を訪れていた。松村は『三宅坂』で通州事件の一報がもた

らされたときの司令部の反応について述べている。

その報、一度天津に伝わるや、司令部は狼狽した。私は幕僚の首脳者が集まっている席上に呼ばれて「この事件は、新聞にでないようにしてくれ」との相談を受けた。

「それは駄目だ。通州は北京に近く、各国人環視のなかに行われたこの惨劇が、わからぬ筈はない。もう租界の無電にのって、世界中に拡まっていますョ」。

「君はわざわざ東京の新聞班から、やって来たんじゃないか。それ位の事が出来ないのか」

「新聞班から来たから出来ないのだ。この事件をかくせるなどと言われるなら、常識を疑わざるを得ない」。

あとは、売言葉に買言葉で激論となった。私は、まだ少佐だったし、相手は大、中佐の参謀連中だった。余りに馬鹿気たことをいうので、こちらも少々腹が立ち、配下の保安隊が叛乱したので妙に責任逃れに汲々たる口吻であるのが癪にさわり、上官相手に激越な口調になったのかも知れない。

通州事件発生の知らせを受け、支那駐屯軍司令部がまず憂慮したことは何か。それは、保安隊が反乱を起こしたことに対する支那駐屯軍司令部の責任問題である。保安隊を内面指導していた同司令部にとって、通州事件は保安隊の監督責任を問われかねない痛恨のできごとであった。彼らが松村に新聞報道を差し控えるよう迫り、通州事件そのものを隠蔽しようとしたのは、この問題を恐れてのことだ。

このように、支那駐屯軍司令部の関心が通州事件の責任問題に向けられた結果、本来急がなければならなかった日本居留民の保護に遅れが生じる。結局、前線に向かっていた萱嶋部隊に通州へ引き返すよう司令部から命令が発せられたのは、すでに事件発生から一日が経とうとしていた三〇日午前二時のことだった。

九、通州守備隊と日本居留民の救出

通州事件が起きたとき、萱嶋部隊は、通州から二〇キロメートル以上離れた豊台北部の大《だい》井《せい》村（現北京市豊台区）付近まで前進していた。彼らは支那駐屯軍司令部から通州へ救援に向かうよう指示されどうしたか。当時、萱嶋部隊第三大隊歩兵砲中隊に所属していた日置政治は、「海光寺兵営出発より北京州付近の戦闘日誌」（『支那屯歩兵第二聯隊誌』所収）でこのときのことを次のように振り返る。

七月三十日晴れ、状況によれば、通州警備隊が襲撃されて苦戦中との報があり。聯隊は救援の為に午前三時出発する。通州に向け強行軍だ。曇天の空からは大雨となり、仲々止みそうもなし。頭からびしょ濡れだ。行軍は益々困難だ。道路が泥田の如くで車輌のある大隊砲は小銃中隊におくれがちになる。折から聯隊長の悲壮なる伝達があり。通州警備隊の消息が分からん。一時を争う落伍する兵は、その儘に残して前進せよと食事の時間もなしだ。

萱嶋部隊が通州に到着する前の三〇日昼頃、関東軍の飛行隊が通州上空に飛来。通州守備隊兵営を包囲し続けていた保安隊を目がけて爆弾を投下する。この爆撃で張硯田が逃亡。保安隊も戦意を失い、兵営の包囲を解いて通州城内から撤退を始めた。

午後四時二〇分、萱嶋部隊は未明からの強行軍の末に通州に到着する。すぐに城内に残存していた保安隊を掃討する。そして、通州のすべての城門を閉鎖し、各城門と冀東政権の各機関に監視兵を置いて保安隊の反抗を防いだのだった。

萱嶋部隊が通州に着いたとき、城内はどのような状態になっていたか。『極東国際軍事裁判速記録　第二百四号』によると、戦後、東京裁判で証言台に立った萱嶋は、通州に救援に駆けつけたときに見た凄惨な光景を次のように振り返っている。

一、旭軒といふ飲食店を見ました。そこには四十から十七、八歳迄の女七、八名は皆強姦され、裸体で陰部を露出した儘射殺されて居りました。其の中四、五名は陰部を銃剣で突刺されていました。

二、商館や役所の室内に残された日本人男子の死体は射殺又は刺殺せられたものでありますが、殆んどすべてが首に縄をつけ引き廻した形跡があり、血潮は壁に散布され全く言語に絶したものであります。

三、錦水楼と云ふ旅館は凄惨でありました。同所は危急を感じた在通州日本人が集まった所でありましたものの如く、大量虐殺を受けております。玄関、入口付近には家財、器具破壊散乱し、目ぼしきものは殆んど掠奪せられ、宿泊していた男子四名は座敷で射殺されていました。錦水楼の女主人や女中等は珠子繋ぎにされ手足を縛された儘強姦され、遂に斬首されたと云ふことでした。

四、某日本人は夫婦と嬰児と三人で天井裏に隠れ、辛じて難を逃れていましたが、其の下で日本人が次から次へと虐殺されてゆくのを見たと私に告白していました。

最後の天井裏に隠れて生き残り、その後萱嶋と話した人物は、おそらく安藤利男のことだろう。

「海光寺兵営出発より北京州付近の戦闘日誌」によると、日置も惨殺された日本居留民の姿を目の当たりにし、「その殺され方の無惨さを見た瞬間、我々の血汐《ちしお》は逆上する思いだ」と、憤りを露わにした。

さらに、通州守備隊兵営に入った日置は、「守備隊に逃げて来て保護を受けている邦人が、涙ながらに物語るのを聞けば、先立つものは涙のみ。戦争には断じて勝たなくてはならぬ」と、中国への敵愾心を昂らせていく。

「通州兵站司令部　戦闘詳報」によると、通州守備隊は保安隊との戦いにより死者二〇人、重軽傷者一四人の被害を出す。これに対し、保安隊側の死傷者数は、日本側の調査による推定で、戦死者一四〇人を含むおよそ五〇〇人に及んだ。

　ところで、通州以外にも冀東地区の各地には保安隊が駐屯していた。彼らは通州事件に呼応して反乱を起こさなかったのか。

　成田《なりた》乾一《けんいち》は、冀東地区北東部の撫寧県で県政府の日本人顧問を務めていた。そのときの様子を綴った『動乱を驢馬に乗って』によると、彼は通州事件が発生してから一二時間近くがたった二九日午後二時、別の日本人顧問から電話で事件の一報を知る。同県には保安第三総隊が駐屯していた。彼らも反乱を起こすかも知れない。

　成田は、撫寧県知事に対し、第三総隊の動

図表5　通州事件関連の日本軍の死傷者数（単位：人）

部　隊		死者数	重軽傷者数	合　計	備考
通州守備隊	通州警備隊	11	8	19	
	山田自動車部隊	7	5	12	
	通州憲兵分遣隊	1	0	1	
	軍兵器部出張所	1	0	1	
	野戦倉庫	0	1	1	
	病馬収容班	0	0	0	
小　計		20	14	34	
通州電信分遣所		0	2	2	
萱島部隊		0	2	2	遺骨受領と負傷者救護のため待機していた。
鈴木部隊		0	2	2	輸送要員として待機していた。
合　計		20	20	40	

向を監視するよう命じる。さいわいに、その後も第三総隊に不審な動きはみられなかった。このことから、通州事件は、冀東地区全体ではなく、通州というごく狭い範囲で起きたできごとであったことがわかる。

一〇、通州事件の「終結」

三〇日午後、張慶余は保安隊員らとともに通州を脱出。第二九軍と合流するため、彼らの本拠地である北京へ向かう。

北京は二八日から日本軍の総攻撃を受けていた。同日夜、北京に立て籠もっていた宋哲元は、北京の防衛を第二九軍第三八師長の張自忠《ちょうじちゅう》に託し、側近らとともに河北省保定《ほてい》に退く。だが、張自忠も日本軍の攻撃に耐えきれず、二九日、北京を放棄した（張自忠は九月三日に北京を脱出）。

三〇日、北京を占領した日本軍は、冀察政務委員会に代わる新たな行政機関として、北京政界の重鎮、江朝宗《こうちょうそう》を委員長とする北京特別市地方維持会を発足させる。同会は冀東政権と同様、政権の中枢に配された日本人顧問の指示のもと運営された傀儡政権だった。

三〇日夕方、張慶余らは、北京の東の玄関口にあたる朝陽門《ちょうようもん》に到達する。当時、門の近くには崇貞《すうてい》女子学園という学校があった。これを運営していた清水安三《しみずやすぞう》（戦後、桜美林《おうびりん》大学を創設）は、北京城内に迫る張らの姿を目撃している。彼の自伝『朝陽門外』によると、このとき、保安隊の軍服は赤黒い血がこびりついたという。

第二九軍と合流しようとした保安隊は、朝陽門が固く閉ざされていたことで、初めて北京が日本軍に占領されたことを知る。行き場を失った彼らは、北京城外をさまよいながら、北京北側の安定門《あんていもん》にたどりつく。

保安隊は通州から逃れる際、第一総隊本部に監禁していた殷汝耕を一緒に連れ出していた。脱出の機会をうかがっていた彼は、安定門に到着すると、保安隊に対し、自らが日本側との交渉役になると言って拘束を解かせる。保安隊から離れた彼は、安定門近くの鉄道駅に駆け込み、駅長宅の電話から旧知の今井武官に救援を求めた。

今井は殷からの連絡を受けると、ただちに北京日本大使館の事務官を安定門に派遣。密かに彼を北京城内に引き入れた。そして、安定門に留まっていた保安隊は駆けつけた日本軍によって武装解除されたのだった。張慶余は日本軍に逮捕されることを恐れ、手勢を率いて、宋哲元のいる保定に逃走した。

今井武夫『支那事変の回想』によると、三一日午前、殷汝耕は今井に面会し、

　通州事件は何等自分の予知せざる事であるが、自分は冀東自治政府長官たるのみならず、事件の中心部隊となった教導総隊の隊長を兼ね、直接責任者でもあるので、その責任の重大なるを痛感し、この際自己の出進退を明らかにし度い。

と述べて、冀東政権政務長官の職を辞し、中国政界から引退する考えを明かしたのだ。

ちなみに、日本の主要紙は、殷汝耕の救出が荒木五郎《あらきごろう》（中国名黄慕《こうぼ》）の手によるものであると報じる。荒木はかつて奉天軍閥の張作霖《ちょうさくりん》のもとで軍事顧問を務めたことのある日本陸軍予備役少尉で、殷汝耕とも親交があった。

林青梧《はやしせいご》『黄土の碑』によると、北京にいた荒木は、殷汝耕が保安隊に拉致されて北京城外にまで来ているのを知ると、保安隊のなかにいた元東北軍の旧友を説得して、殷汝耕を解放させたという。

しかし、現在のところ、通州事件にまつわる日本側の関連資料のなかに荒木が殷汝耕を救出したことを示す証拠は見当たらない。よって、荒木のエピソードがどこまで信憑性があるかは不明である。

コラム　その二　今に遺る通州事件の痕跡――「奥田重信君之碑」――

筆者は、中国留学中だった二〇〇七年から時間を見つけては通州を訪問し、発生から半世紀以上過ぎた通州事件の痕跡を探し続けた。

北京地下鉄八通線の通州北苑駅のある所は、当時の通州城西門付近にあたる。当時と今の通州の地図を見比べると、北京街道と天津街道は現在でも通州中心部の主要道路となっていることがわかる。また、日本軍通州守備隊兵営の跡地と思われる場所は、現在、マンションが立ち並ぶ。目抜き通りの両側には高いビルが林立し、事件の痕跡はもうどこにもないように思われた。

一五年一二月、筆者は、冀東政権政庁のあった通州三教廟を訪問した。この場所は、儒教、仏教、道教をそれぞれ奉っている施設だ。かつての通州のランドマークの燃灯仏舎利塔は、廟内北西側にある仏教寺院、佑勝教寺《ゆうしょうきょうじ》の敷地内に建っている。〇四年から行われ

近代的なビルがそびえ立つ通州。（2016年7月、姜歌撮影）

ていた三教廟の改修工事はすでに終了し、建物の外壁などがきれいに塗り替えられていた。

三教廟の敷地に入ると、右奥の空き地に瓦礫がうず高く積み上がっている。筆者が何気なくその瓦礫のなかを覗くと、下の方に崩れかけた長方形の石の塊があった。その石の一面には何かの文字が刻まれている。筆者が土砂を払いのけてその文字をよく見ると、そこには「奥田《おくだ》重信《しげのぶ》君之碑」と書かれていたのだ。

奥田は一九三四年三月、上海の東亜《とうあ》同文書院《どうぶんしょいん》を卒業（第三〇期）。その後、冀東政権で日本人顧問を務めていた。書院は一九〇一年、日中貿易を担う日本人の若者を育てる目的で設立された日本の学校である。経営母体の東亜同文会は、東アジア諸国の提携を標榜した団体で、会長は日中戦争期に首相を務めた近衛文麿の父親、近衛《このえ》篤麿《あつまろ》だった。

書院三三期の近藤敏三郎《こんどうとしさぶろう》らが綴った「冀東雑感」（上海虹橋路《ホンチアオルー》東亜同文書院第三十三行期生旅行誌編纂委員会編『南腔北調』所収）に奥田のエピソードがある。これよると、彼らが中国各地の物産や風習を調査するために通州を訪れると、奥田は書院ＯＢとして、冀東政権の主要な施設に彼らを案内したという。ちなみに、筆者は東亜同文書院の後継である愛知大学で学んだ。すなわち、

通州市中心部にある湖、西海子。この畔に冀東政権政庁や、通州事件で多くの犠牲者が出た旅館近水楼があった（2016年7月、姜歌撮影）。

瓦礫に埋もれていた「奥田重信君之碑」（2015年12月、筆者撮影）。

なぜ、これが瓦礫のなかに埋もれていたのか。その真相は不明である。おそらく、三教廟の改修工事の過程で撤去されたのだろう。日本人の名前が刻まれた墓碑がこのように廃棄されているのを見ると、同じ日本人としていたたまれない気持ちになる。

筆者が確認した限りでは、この「奥田重信君之碑」が、今に遺る通州事件を偲ぶ唯一の痕跡であった。

私も奥田の遠い後輩にあたる。

「通州兵站司令部　陣中日誌」によると、奥田は通州事件で保安隊に胸部を撃たれて死亡したことがわかっている。この墓碑は事件後、奥田の死を悼んだ冀東政権関係者が建立したものであろう。

通州三教廟を訪問した筆者。かつてここには冀東政権政庁があった（2012年12月撮影）。

第三章　通州事件に残る疑問

通州事件をめぐっては、発生から八五年を迎えた今日になっても、解明されていない問題がいくつも存在する。本章では、それら問題のなかから、主要な四点を取り上げて検証していく。

その問題とは、①なぜ保安隊は反乱を起こしたのか、②通州事件によって生じた問題はどのようにして解決されたのか、③通州事件で亡くなった日本居留民は通州で何をしていたのか、④通州事件は日中戦争にいかなる影響を及ぼしたのか、である。

一、なぜ保安隊は反乱を起こしたのか

なぜ保安隊は反乱を起こしたのか。張慶余と張硯田が決起した動機はいったい何だったのか。この問題は、通州事件の真相に迫る重要な点で、日本では事件後から現在まで多くの議論が繰り返されてきた。しかし、いまだに明確な結論が出ていない。ここでは、これまで提示されてきた主な説をみていく。

㈠デマ説

保安隊が反乱を起こした原因は、通州事件がメディアで取り上げられた直後から、日本側で大きな関心事となった。そして、事件の様子が徐々に明らかとなってくると、生き残った日本居留民の口から保安隊が反乱を起こしたときの状況が語られるようになる。ここでは、そ

の証言のひとつとして、通州事件から三ヶ月後の一九三七年一〇月、雑誌『話』に掲載された「通州虐殺の惨状を語る生き残り邦人現地座談会」をみていこう。

座談会を開いた同誌特派記者の武島義三は、通州事件の発生から四日後の八月二日、事件の現地調査隊に混ざって、報道機関の立ち入りが禁じられていた通州城内に潜入。保安隊に破壊し尽された通州の生々しい惨状を取材する。座談会は同日夜、通州守備隊兵舎の一室を借りて、武島と事件の生存者、現地調査員の合わせて八人で行われた。

座談会のなかで、生存者のひとりの森脇高英は、保安隊が反乱を起こした原因について、次のような独自の見解を語る。

これは僕の考へですが、保安隊には相当前から根強く中央よりの指令に働いてゐる煽動分子が入込んでゐたと思います。少も保安隊の幹部は完全にその指示に依って行動したと思ってゐます。

森脇は国民政府側の工作員が保安隊を扇動し、彼らを完全なコントロール下に置いたうえで決起させたと推測した。

さらに、彼は事件が起きる前にラジオや新聞で次のようなデマが流れたという。

即ち蔣介石は日本軍に対し廿四時間以内に北支より撤退せよ、然らざれば二百台の飛行機を以て、大挙、北平、天津を空爆するぞと通告せり―とか、支那軍は到る処に大勝を博して日軍を壊滅し北平、天津、豊台は完全に支那軍が占拠し、郎坊は奪還せり―とか、支那軍飛行機は、満洲国を襲撃し、瀋陽（奉天）市内は火災を生じ錦州も同様にて、目下暴動叛乱が蜂起せり―とか、蔣介石は目下鄭州にあり全軍の指揮に当ってあると言ふ様なのですが、それで保安隊の幹部連もそら中央がやった、我々も愚図々々しては居られないと言ふので、廿七日か八日に一同を集めてその訓示をしたさうです。

このようなデマが本当に流れたのだろうか。寺平北京特務機関輔佐官は『蘆溝橋事件』で、通州事件発生二日前の七月二七日、北京特務機関が南京の放送局から、第二九軍が豊台と郎坊を占領し、日本軍を華北一帯から追い出したという誤ったの内容のラジオニュースを傍受したと述べている。

北京特務機関の記録である「北平陸軍機関業務日誌」（『現代史資料38』所収）によると、二七日に宋哲元が新聞とラジオ放送を使い、国民政府と全国各界に向けて、第二九軍が国民政府に従って「自衛護国」の努力をしているという宣伝を行った。

さらに、同業務日誌には、七月二八日の中国側新聞の号外に、中国軍が日本軍から豊台と天津東駅を奪回したという報道があったとの記録が残っている。この報道もデマのひとつで、実際にはこの日、日本軍が天津東駅を含む天津の各鉄道駅を占領した。

このように、森脇や寺平が述べたような中国側の勝利を報じたデマは実際にあって、保安隊もそれを聴いて信じ込んでいたのだ。

このデマ説は、戦争についての情報が統制されていた戦時中にあって、通州事件の主たる発生原因として信じられた。たとえば、通州事件から約五年後の一九四二年六月に刊行された大川正士『大東亜建設史』では、「通州事件の真相」という一節のなかで、デマ説を取り上げている。

(二) 保安隊誤爆説

戦後、通州事件の原因として言及されたのが、関東軍飛行編隊による保安隊誤爆説であった。外交官の森島守人は、この説を早くから主張したひとりである。森島は、一九一九年に外務省入省後、哈爾浜総領事や東亜局長などを務めた、外務省きっての中国通として知られていた。通州事件が起きたとき、森島は北京日本大使館参事官として、事件の外交面での解決に奔走した。

森島は、一九五〇年六月に発表した『陰謀・暗殺・軍刀――外交官の回想』で、保安隊への誤爆について、次のように述べた。

中国部隊を掃蕩するため出動したわが飛行部隊が、誤って一弾を冀東防共自治政府麾下の、すなわちわが方に属していた保安隊の上に落すと、保安隊では自分たちを攻撃したものと早合点して、さきんじて邦人を殺したのが真相で、巷間の噂と異り殷汝耕には全然責任がなく、一にわが陸軍の責任に帰すべきものであった」。

保安隊誤爆説で注目すべき点は、通州事件が起きた責任が誤爆した日本陸軍側にあると指摘したことだ。以後、保安隊誤爆説は、通州事件の責任問題をめぐる議論のなかでたびたび取り上げられていく。

(三) 張慶余の手記

以上のように、日本では、通州事件で保安隊が反乱を起こした原因としてデマ説と保安隊誤爆説が唱えられた。その一方、中国ではどのような説が出されたか。

中国では日中戦争が終わると、まもなくして国民政府と中共による国共内戦が始まる。さらに、四九年一〇月に中華人民共和国が建国されてからも、国内の政情は安定しない。このようななかで、通州事件を歴史的に振り返ろうとする機運は起きなかった。

その状況に変化が現れたのは、日中戦争終結後から三〇年以上が過ぎた八二年のことである。戦争を生き延びた張慶余が、長い沈黙を破って回想手記「冀東保安隊通県反正始末記」(『天津文史資良選輯』第二一所収)を発表し、通州事件の当事者として初めてその顛末を明らかにしたのだ。

張は通州事件に敗れて宋哲元のもとへ逃れた後、南京に招かれ、日本軍に反旗を翻したことに対し、蔣介石から賛辞を受ける。その後、河南省開封の第六補充兵訓練処処長や第九一軍副軍長を務めたが、まもなく病を患い辞職した。

張は手記のなかで、反乱を起こした理由についてどのように語ったか。手記をもとにその動きをたどっていく。

一八九五年、張は河北省滄州で生まれる。若くして軍人の道に進み、一九三〇年代初頭、国民革命軍第五十一軍のなかで頭角を現す。

三五年二月、張は同僚の張硯田とともに保安隊に異動を命じられ、河北省で徴集した新兵を訓練しながら、冀東地区の警備にあたる。

同年一一月、冀東政権が成立すると、張は張硯田とともに、冀東政権の幹部に名を連ねた。彼は傀儡政権に協力するのが本意でなかった。そのため、副官を介して密かに河北省政府主席の商震《しょうしん》に今後の身の振り方について相談する。彼の問いに商は、

　目下、殷汝耕と決裂することはよくない。しばらくは従ったふりをしなさい。私は責任をもってそのことを国民政府に伝えておく。


と答えた。

同年末、張は張硯田とともに、冀東政権と対立していた冀察政務委員会の宋哲元に従って抗日の意思を表明するため、張樹声《ちょうじゅせい》（清末に活躍した同姓同名の清朝政府官僚とは別人）を介して、

天津にあった宋の邸宅を密かに訪れる。張樹声は張慶余と同郷で、張慶余の二番目の兄の張《ちょう》慶雲《けいうん》と義兄弟の契りを結んでいた。さらに、張樹声は中国に古くからあった秘密結社の哥老会の幹部で、張慶余と張硯田も哥老会に属していたのだ。

張らと対面した宋は、ふたりを快く迎え入れ、抗日に向けて指示があるまで、保安隊の訓練に励むよう命じ、ふたりにそれぞれ活動資金を手渡した。

後に張慶余は手記で、

> その後の通州での保安隊の反乱は、私たちと宋哲元のそのときの会談が関係している。

と、振り返っている。

盧溝橋事件が勃発すると、張は宋の腹心で、河北省政府主席を務めていた馮治安から連絡を受け取る。そして、日中両軍の本格的な戦闘が始まったら、日本軍の不意を突いて通州で反乱を起こし、前進する日本軍を挟み撃ちにするよう指示されたのである。

同じ頃、通州で開かれた冀東政権と通州特務機関との軍事会議で、張は細木特務機関長に対し、通州防衛のため、冀東各地に分散配置されていた保安隊を通州に集中させてはどうかと提案した。これを受けて、薊県に駐屯していた張硯田の部隊が殷汝耕の命令で通州に移駐された。

七月二八日、日本軍が北京方面に向けて総攻撃を開始すると、張慶余は張硯田と謀って、馮治安の命令どおり、通州で反乱を起こした。

以上が張の手記に書かれた通州事件発生の理由とその経過である。張慶余と張硯田は、冀東政権成立直後から抗日の意思を持ち、宋哲元と内通していた。そして、二人は宋側の指示のもと、通州事件を起こしたのだ。

この手記の内容がすべて真実であるかどうかは、それを裏付ける史料が乏しいため断定できない。だが、この手記は通州事件を起こした張本人の証言として注目され、日本では日本語訳が発表されたほか、これをもとにした研究が報告された。

㈣軍統謀略説

張の回想録以外にも、中国や台湾では、保安隊の反乱に関与したと明かす証言がいくつか残っている。

そのひとつが、蔣介石直属の特務機関である国民政府軍事委員会調査統計局、通称軍統《ぐんとう》の幹部、陳恭澍《ちんきょうじゅ》の証言だ。彼の自伝『北国鋤奸』にそれがある。

陳によると、軍統による保安隊への謀略工作は、冀東政権成立から一年近くたった一九三六年秋頃から始まった。軍統の地下組織、河南站で副站長を務めていた尚振声《しょうしんせい》は、親戚だった保安隊第一総隊督察長の方誠沢《ほうせいたく》を介して張慶余に近づく。そして、張を背後でコントロールして冀東政権を崩壊させようと試みる。

しかし、実際に謀略が決行される段階になって、計画が漏洩してしまう。河南站も保安隊への工作をいちじ中断した。

それから数ヶ月後の三七年春、北京城内に本部を構える軍統の組織、北平区のリーダー李《り》果諶《かじん》は、陳ら幹部とともに、河南站の任務を引き継いで、保安隊への謀略工作に着手する。

李は部下の傅《ふ》丹墀《たんち》を通州に派遣して、張慶余の説得にあたらせた。傅は張慶余とかつて同じ学校に通っていた同窓生だった。傅の説得を受けた張は、張硯田ならびに保安隊関係者数人をともなって、北京の李果諶のもとを訪れる。張は李に対し、抗日の態度を示すとともに、国民政府の命令に従って行動することを誓ったのだ。

張らの決意を確認した李は、軍統第二処処長の戴笠《たいりゅう》にその旨を報告する。戴は蔣介石がとりわけ信頼を置いた側近のひとりで、蔣の手足となって、数多くの謀略工作を指揮していく。

戴は、李に張側と緊密に連絡し、いつでも謀略が実行できるよう準備をさせた。さらに、戴は張側に北平区と直接連絡がとれるよう、無線機一台と通信係一名を提供する。以後、通州事件が発生するまで北平区の謀略は冀東政権側に知られることはなかった。

㈤ 中共謀略説

一方、軍統とは別に、中共も保安隊に謀略を仕掛けていた。一九三四年一〇月、中共は国民革命軍との内戦に敗れ、根拠地の江西省南昌を脱出。およそ一年の長征といわれる撤退戦をへて、陝西省延安に拠点を移す。彼らは党の再起を図るため、三六年三月、劉少奇を中共中央駐北代表に任命し、華北に派遣した。戦後、国家主席にまでのぼりつめた彼は中共の初期メンバーで、労働運動の指導や白区とよばれた国民政府支配地域での党組織の建設に力を発揮する。

彼は厳しい反共政策を行っていた冀東政権に対抗するため、中共党員を冀東地区に潜入させた。そして、秘密裏に党組織の建設を進めるとともに、労働者に向けて抗日運動に参加するよう呼びかける。

さらに、劉は冀東政権を崩壊させるため、保安隊内部に中国共産党員の黎巨峰と王自悟を送りこんだ。中共側資料をもとにまとめられた「通州事変的経過」（『冀東日偽政権』所収）によると、

党員の黎巨峰と王自悟は各種の関係を経て通州に入り、保安第一・第二総隊隊長の張慶余と張硯田に会い、数多くの工作を行った。そして、彼らに抗日救国の大義を理解させた。

張慶余らは、殷汝耕に従うそぶりをみせながら、保安隊の指揮権を掌握し、反乱を実行するための準備を密かに進めたのだ。

保安隊に対する中共の反日工作は、張慶余と張硯田の部隊以外の保安隊各総隊にも影響が広がる。三六年冬、昌黎県に駐屯していた保安隊第三総隊第六区隊の隊員二〇〇名あまりが

反乱を起こし、県城をいちじ占拠した。

この顚末については、冀東政権と日本との関係を研究した張洪祥らの略論〝冀東防共自治政府〟」（『南開史学』第一号所収）に詳しい。これによると、支那駐屯軍は反乱を鎮めるため、山海関守備隊長の古田龍三少佐らを交渉役として昌黎に派遣する。だが、昌黎に向かう途中で、古田らは保安隊員に行く手を阻まれ殺害された（古田事件）。この事件は、現役将校が反日思想を抱いた保安隊員に殺されるという、前代未聞の不祥事だった。

「通州事変的経過」によると、張慶余らが反乱を決意したきっかけは、事件前日の二八日、第二九軍への攻撃をめぐって、細木機関長が攻撃に消極的な彼らを批判したことだった。張らは、第一・第二・教導各総隊に戦闘準備を指示し、二九日未明、通州城内への銃撃を合図に行動を起こしたのだ。

もし、保安隊が本当に中共の工作を受けていたとしたら、通州事件後に保安隊は、なぜ中共側ではなく、国民党側の第二十九軍と合流しようとしたのか。

当時、中共は第二九軍側にも党員を派遣して反日工作を行っていた。梁湘漢《りょうしょうかん》ら「張克俠《ちょうこっきょう》同志談参加革命二九軍抗日的経過」（『北京地区抗戦史料』所収）によると、第二九軍副参謀長の張克俠は、中共の秘密党員だった。よって、第二九軍も保安隊と同様に中共の影響が深く及んでおり、保安隊がそこに合流するのもおかしなことではなかったのだ。だが、保安隊と第二九軍との合流に中共がどのように関与したのかはよくわかっていない。

以上の各説をみると、日本側で主張された㈠と㈡の説は、どちらも保安隊が反乱を起こすきっかけにはなった。しかし、それだけの理由で、保安隊の反抗心に火をつけ、日本軍や冀東政権を攻撃し、多くの日本居留民を殺傷したとみなすことは難しい。

通州事件が周到な準備のうえに実行された背景には、張の手記や中国・台湾側の説で述べられているとおり、保安隊員らがもともと抱いていた抗日意識、または、軍統や中共による謀略工作が大きく影響したと考えたほうが自然だろう。この問題をより明らかにするには、新しい史料の発見と、さらなる研究の深化が必要だ。

二、通州事件によって生じた問題はどのようにして解決されたか

通州事件では、保安隊によって多くの日本居留民が殺傷されただけでなく、日本軍との戦いにより、通州の都市機能にも深刻な被害が及ぶ。

日中戦争勃発後、華北で戦線を拡大する日本軍にとって、通州は占領地の後方を維持する重要な拠点だった。そのため、日本軍は戦闘によって廃墟と化した通州を早急に復興させる必要があったのだ。また、事件で日本居留民が犠牲となったことに対する責任を誰に求めるかという問題も残る。通州事件によって生じたこれらの問題がどのように解決されたのか。通州守備隊の行動記録である「通州兵站司令部　陣中日誌」など一次史料や関係者の回想をもとに探る。

㈠通州治安維持会の結成

七月三〇日午後四時二〇分、通州に救援に駆けつけた萱嶋部隊は、保安隊の攻撃で死傷者を出した通州守備隊に代わって、通州城内の治安を確保した。そして、生き残った日本居留民の救出と、散乱していた遺体の収容作業を始める。翌三一日、通州守備隊のうち、被害の少なかった辻村司令官の率いる通州兵站司令部が萱嶋部隊の作業に加わった。

八月三日、支那駐屯軍司令部は、辻村に対し、通州事件で全滅した通州特務機関について、後任の機関長が着任するまで、その任務を代行するよう命じる。このとき、通州事件で崩壊した冀東政権は再建のさなかにあり、通州の都市機能は事実上停止していた。そのため、本来、冀東政権が担うはずの通州の治安維持は、しばらくの間、通州特務機関長代理の辻村が陣頭指揮を執ることになったのだ。彼はどのように通州を復興させたのか。

五日、通州で日本軍と冀東政権の関係者が集まって、通州事件後の通州の治安維持に関する初めての会議が開かれる。会議に出席したのは、日本軍側から辻村のほか、酒井鎬次独混

通州事件で亡くなった犠牲者のうち、日本政府および日本軍関係者の遺体は焼却され、遺骨が日本に持ち帰られた。
(『支那駐屯歩兵第二聯隊史』、117頁)

第一旅団長など、支那駐屯軍の将校計一人、冀東政権側から、通州県長の王季章《おうきしょう》、通州商務会長の宋漢波《そうかんぱ》の二人。さらに、冀東政権で日本人顧問を務めていた長友利雄《ながともとしお》、川本定雄《かわもとさだお》、佐《さ》藤虎《とうとら》雄《お》も民間側代表という肩書きで加わった。

会議のなかで、辻村は治安維持の業務を統括する組織の設立を提案し、全員から賛同を得る。これにより発足したのが通州治安維持会だ。

同会は、辻村を会長に、支那駐屯軍、通州憲兵分遣隊、通州日本居留民、冀東政権から選ばれた委員によって構成された（図表6）。委員の内訳を見ると、支那駐屯軍の将校が半数を占め、支那駐屯軍主体の組織だったことがわかる。

㈡ 中国人住民の帰還作業

通州治安維持会が行ったおもな活動は、通州事件で生き残った日本居留民の保護と、戦火で被害を受けた通州城内の復興作業だった。ここでは特に後者に注目し、通州治安維持会の活動実態をみていこう。

通州治安維持会発足前の八月一日、通州兵站司令部にひとり

図表6　通州治安維持会組織図

会長	辻村憲吉通州兵站司令部司令官
委員	新川通州警備隊長、財前通州憲兵分遣隊長、武田主計少尉、酒井兵団副官部員、玉木大尉
（民間側）	宇佐美義雄通州居留民会会長
（警察側）	田口弥八
（中国側）	長友利雄通州県政府顧問、王季章通州県長、宋漢波通州商務会会長、韓采玗

総務部	部長	王季章
	副部長	長友利雄
警務班	主任	長友利雄
行政班	日本側	田口弥八
	中国側	韓采玗
衛生班	主任	王鉄民
土木班	主任	五十川国記
電業班	主任	史通

注：「通州兵站司令部　陣中日誌」をもとに作成。

のアメリカ人宣教師が訪れる。彼は辻村に対し、通州城外の教会に収容している約一万人の中国人が食料不足で苦しんでいるため、早急に彼らを助けてほしいと訴えた。教会に集まった彼らは、通州事件による戦火で行き場を失った通州城内の住民だという。

『通県誌』によると、通州城内の人口は、前年の三六年の統計をもとに、通州周辺の村落を含めた人口は約四〇万人。そのうち、通州城内だけでおよそ五万人いたと推定している。よって、通州事件によって、通州城内の五分の一の中国人住民が被災し、城内に戻れなくなっていたのだ。

約一万人もの中国人住民を避難民としてそのまま城外に放置しておくことは、通州の治安上問題であり、早急に対処しなければ、復興作業にも悪影響を及ぼす可能性がある。通州治安維持会はこの問題をどう解決したか。

六日、通州治安維持会は通州城内の電話局で会議を開き、通州城外に避難していた中国人住民を城内に帰還させるための方法について協議する。その結果、現場での混乱を避けるため、まず一家族一人を基準にして通州城外の住民を城内に帰還させるやり方をとることにした。

通州城内への中国人住民の帰還作業は、八日から始まる。通州の郷長（郷は県より以下の行政単位）が監督となって、住民らを五人一組にして、新南門から順に入城させた。また、北門と東門からは、通州商務会員の監督のもと、一般商人の出入りも許可される。

だが、この作業は開始早々にある問題に直面した。それはいったい何か。九日、通州治安維持会の会議で、行政担当の長友利雄が報告した。すなわち、前日八日の帰還作業中、通州城外にいた中国人住民計五〇〇人が城門の前までたどりついたにも拘らず、日本軍への恐怖心から入城を諦めたというのだ。日本軍に対する中国人住民の不安を和らげるいわゆる宣撫工作はすでに実行されていた。しかし、長友の報告により、その工作が充分に効果を上げていないことが明らかとなった。はたして、治安維持会は、この問題にどう対応したか。

(三) 通州の復興

八月一〇日、通州治安維持会の会議で、辻村は通州城内への入城をためらっていた中国人住民約一〇〇〇人に対し、日本軍への不安を和らげるため、同会から食料を配給することを決める。そして、商店がほとんど閉まっていたため、極度の物資不足にあえいでいた通州城内の住民に対しても食糧を分け与えたのだ。

さらに、治安維持会は住民が安心して城内に戻れるよう治安問題の解決にも取り組む。通州事件で保安隊主力は、第二九軍と合流するために通州を離れた。だが、一部は軍服を脱いで一般民衆に紛れた、いわゆる便衣兵となって通州城外の集落を襲撃していたのだ。たとえば、通州の郊外のある集落では、便衣兵となった保安隊員が集団で現れ、住民を襲って衣服や食糧を強奪していた。

この事態を受け、二〇日、通州治安維持会は、宣撫班に対し、通州警備隊や支那駐屯軍憲兵隊などと緊密に連絡を取りながら、人心の安定と通州の住民に帰宅と仕事への復帰を促すための宣伝を強化するよう指示する。

この取り組みは、どれくらいの成果を上げたか。九月二日、通州兵站司令部に提出された「通州兵站司令部旬報　第四号」（「通州兵站司令部　陣中日誌」所収）によると、通州事件発生後から八月末までの約一ヶ月間の通州城内の居住者数は、累計して一万六三一四人増加した。この数を見る限り、通州治安維持会が実施した約一万人にのぼる通州城内への中国人住民の帰還作業は、一定程度の成果を上げていたといえる。

辻村は「通州兵站司令部旬報　第三号」（同右所収）のなかで、中国人住民の帰還作業が成功した理由について、

> 華人に対する施米は、宣撫班の工作と相俟ち民心安定の効果多く、入城増加の一原因と認めらる

と、食糧配給と宣撫班の工作が功を奏しことを評価した。

通州城内の復興についてはどうか。「通州兵站司令部旬報　第四号」によると、「城内治安は殆んど回復し、支那人店舗も営業を開始せるもの約八割に達し」ていた。通州城外に避難していた中国人住民が続々と城内に帰還し、通州に活気が戻ったことが復興を促させたといえる。

通州治安維持会の会長として、事件後の通州の復興に尽力した辻村は、六日、北京に新設

された北支那方面軍司令部に異動するため、通州を離れる。そして、治安維持会も通州の治安回復が確認されたとして、一〇日、復興作業を通州県政府側に委ね、その役目を終えたのだった。

㈣通州事件の責任問題

通州治安維持会が通州の復興作業を進めていたとき、日本政府は少ない情報のなかで通州事件の対応に追われる。

『読売新聞』八月一日夕刊によると、七月三一日、陸軍大臣の杉山元《すぎやまはじめ》大将は、貴衆両院の本会議に出席し、華北の戦況について報告した。そのなかで彼は、通州事件が発生したことを認めるとともに、通州の日本居留民が現在どうなっているかわからないと述べ、現地の情勢が依然として厳しいという見解を示す。

現地で日本政府側の責任者として通州事件への対応にあたった北京日本大使館参事官の森島守人は、自伝『陰謀・暗殺・軍刀』のなかで、このとき次のような解決策を考えついたと振り返っている。

私としては現地の責任者でもあり、また遺族に対する立場からしても、この事件の急速な解決を必要と考えた。また通州事件の真因が明らかとなれば、かつてシベリア出兵中、尼港《にこう》事件に関し田中陸相の責任が大きな政治問題になったと同様に、政治問題化することが必然なので、議会開会前に現地で解決するを有利と考えた。

森島のいう尼港事件をめぐる政治問題とは何か。尼港事件とは、シベリア出兵中の一九二〇年三月、ハバロフスク近郊のニコラエフスク（尼港。現ニコラエフスク・ナ・アムーレ）で発生したパルチザン部隊による日本居留民殺害事件をいう。

井竿富雄「尼港事件と日本社会、一九二〇年」（『山口県立大学学術情報』第二号所収）によると、同年六月、尼港事件での日本居留民の被害状況が徐々に明らかになると、日本では救援部隊を派遣しなかった原敬《はらたかし》内閣の判断に批判が集中した。さらに、七月六日、衆議院予算員会で尼港事件の問題で説明に立った陸軍大臣の田中義一《たなかぎいち》は、陸軍のことは陸軍大臣が責任を負うが、尼港事件については陸軍に過失はないとする旨の答弁をする。だが、この発言がかえって陸軍の責任を追及しようとした野党議員からの非難を浴び、田中の進退問題にまで発展していく。

通州事件も、その直前に起きた関東軍飛行編隊による保安隊幹部訓練所への誤爆が、事件発生の原因とみなされた場合、陸軍さらには日本政府の責任問題に及ぶおそれがあった。森島は尼港事件の轍を踏まないよう、通州事件の責任問題をできるだけ早く解決しようとしたのだ。

(五) 冀東政権による謝罪と賠償

通州事件でいちじ崩壊した冀東政権は、八月九日、河北省唐山に仮庁舎を置いて再建される。政務長官には、辞任した殷汝耕に代わって政権ナンバー2で、冀東政権秘書処長の池宗墨が代理を務めた。彼は、一〇日の就任演説のなかで、通州事件について遺憾の意を表すとともに、支那駐屯軍と冀東民衆の後押しを受けて、政府再建に向けて職責を全うすると宣言した。

冀東政権が再建されたことを受けて、森島は冀東政権側と通州事件の責任問題について協議を進める。そして、三七年一二月二四日、北京日本大使館で森島と池宗墨は書簡を取り交わし、次の三つの条件を冀東政権側がすべて受け入れることで通州事件の責任問題を「解決」させた。

「冀東政府池長官より森島参事官宛書簡」（高木翔之助『冀東から中華新政権へ』所収）によると、その三つの条件とはおよそ次のとおりである。

一、冀東政権から日本政府に対し、通州事件を発生させたたことについての責任を認め、正式に謝罪すること。

二、冀東政権から通州事件の日本

殷汝耕の辞職にともない、冀東政権政務長官代理に就任した池宗墨（『冀東から中華新政権へ』、扉絵）。明治大学に留学した経験があり、儒教の研究者としても知られた。

側犠牲者遺族などに対し、弔慰金（物損被害の賠償金と負傷者本人への見舞金も含む）総額一二〇万円（現在の貨幣価値に換算すると約三〇億円。以下同じ）を支払うこと。

三、通州城内に日本側が通州事件の犠牲者を追悼する慰霊塔を建設する際の用地を冀東政権側が無償で提供すること。

以上、三つの条件のうち、慰霊塔の建設用地については、冀東政権から日本側に通州城内の約七〇〇〇坪の土地が無償提供される。このとき、すでに通州には通州事件の犠牲者を弔う木製の慰霊碑が建立されていたのだ。慰霊塔はこの慰霊碑に代わるものとして建設が予定された。

慰霊塔の建設計画については、「通州慰霊塔建設ノ為陸軍大臣ノ寄附ニ関スル件」（「陸支普大日記（普）第九号2／2」所収）に詳しい。これによると、三八年二月、北京日本大使館内に設置された通州慰霊塔建設委員会が作成した当初計画では、経費として塔建設費、ならびに塔の周囲に造成予定の公園の設備費と維持費が計一〇万円（約二億五〇〇〇万円〔現在の貨幣価値、以下同じ〕）計上される。その費用はすべて日本側の寄付で賄われ、外務・陸海両大臣・朝鮮総督・

通州に建立された通州事件の犠牲者を弔う木製慰霊碑。慰霊碑の横には事件で亡くなった日本居留民の名前が書かれた卒塔婆が建てられた（絵はがき、筆者所蔵）。

満鉄総裁・満洲国政府からそれぞれ二万円（約五〇〇〇万円）の寄付を求め、足りなかった場合、通州事件で亡くなった日本居留民が勤務していた企業からも寄付を募ることになっていたのだ。

結局、寄付金は予定を下回る七万五七二一円（約一憶九〇〇〇万円）しか集まらなかった。だが、その資金を使って、四〇年八月、慰霊塔が建設される。

一方、通州事件の被害者遺族に対する弔慰金は、再建中の冀東政権が財政難に陥っていたため、一括で支払うことができず、一回目に四〇万円（約一〇億円）、二回目に八〇万円（約二〇億円）と分割払いされることになった。

冀東政権は通州事件から約半年後の三八年一月末、日本軍占領下の北京に成立した傀儡政権、中華民国臨時政府に合流して解散する。はたして、冀東政権は解散までに予定額の弔慰金を用意することができたのか。弔慰金は通州事件の被害者遺族へ確実に支払われたのか。支払われたとしたら、その金額はひとりいったいいくらだったのか。

図表7は、通州事件の被害者遺族に支払われた弔慰金の総額を示したものである。これを見ると、弔慰金を受け取ることになっていた通州事件の犠牲者遺族および負傷者計二五六人のうち、日本人一六一人に九二万九八四一円（約二三億円）、朝鮮人九五人に二三万七三七一

1940年8月に通州に建立された「通州殉難者慰霊塔」（『読売新聞』1940年8月16日朝刊）

円（約六億円）の総額一一六万七二一二円がそれぞれ支払われていた。この総額は冀東政権が支払いを約束していた弔慰金の額とほぼ同じだ。

二回目の弔慰金約八〇万円を支払ったのは、冀東政権ではなく、その後継の中華民国臨時政府だった。臨時政府は、冀東政権を合併する際、冀東政権がそれまで成立させた条約や、政権運営で生じた負債をすべて継承することを宣言する。そのなかには、かつて森島と池宗墨が交わした通州事件の賠償責任をめぐる取り決めも含まれていたのだ。

ひとり当たりの弔慰金の平均額を見ると、日本人が約五七七〇円（約一四四〇万円）に対し、朝鮮人が約二五〇〇円（約六二五万円）と日本人の半分以下となる。ちなみに、弔慰金の最高額は日本人が二万一〇五〇円（約五二六〇万円）、朝鮮人が八二六〇円（約二〇六〇万円）であった。

通州事件の被害者遺族に対する弔慰金の分配方法をめぐり、日本側でどのような議論がなされたのかはわからない。そのため、被害者遺族という点では同じであるにも拘わらず、なぜ日本人と朝鮮人で弔慰金の額にこれほど差が生じたのかは不明で

図表7　「通州事件遭難者ニ対スル冀東政府ヨリノ見舞金等配付表」

種別	被害者数	推定被交付者	弔慰金		物的損害賠償見舞金		負傷見舞金		合計
			人数	金額	人数	金額	人数	金額	
日本人（内地人）	185	161	117	764,250	147	152,091	9	13,500	929,841
朝鮮人	150	95	106	189,600	86	43,771	5	4,000	237,371
合　計	335	256	225	953,850	230	195,862	14	17,500	1,167,212

注：1、「昭和十四年　通州事件遭難者見舞金関係綴」所収。2、欄外に「冀東政府提供ニ係ル賠償金一、二〇〇〇、〇〇〇円中前期分配額一、一六七、二一二円ヲ差引残額三二、七七八円ハ今後申告アルヘキ分ノ為保留ス」とある。3、原文中、数字の明らかな間違い以外そのままとした。

ある。しかし、この事例から、当時「皇国臣民」として天皇のもとで日本人と対等に扱われていたはずの朝鮮人が、実際には不当な差別を受けていたことがわかろう。

㈥責任を逃れた支那駐屯軍司令官

通州事件の責任をめぐる日本政府と冀東政権との外交上の問題は、森島の努力により、冀東政権に責任と賠償を負わせることで「解決」した。

これに対し、通州事件の日本側当事者である支那駐屯軍は、いかなる責任の取り方をしたか。前述のとおり、香月支那駐屯軍司令官は、通州事件を発生させた責任が保安隊の日本人顧問を統制できていなかった支那駐屯軍側にあると認識していた。

通州事件の被害状況が日本に伝わり、帝国議会でも問題として取り上げられる。これを受けて、杉山陸軍大臣は、香月に対し、現地の日本側責任者である支那駐屯軍司令官として遺憾の意を表明するよう何度も催促した。香月はどう返したか。

「支那事変回想録摘記」（『現代史資料12』所収）によると、彼は次のように答える。すなわち、通州事件は予期せずに起こった事件で、「之は寧ろ一種の避け難かりし天災」であり、盧溝橋事件以後、日本軍が華北で日本居留民を保護するために大きな犠牲を払っている現状を踏まえ、「希くは全般的の見地に於て総括的成果を批判されたし」と述べて、通州事件の責任を支那駐屯軍が公認することに反発した。

そのうえで、彼は通州事件という「此の局部の事象を以て軍司令官が謝罪的遺憾の意を表明するは、爾後の作戦指導及志気に影響する所大なりと信ずるものなり」として、杉山の要求を拒絶したのだ。香月は、通州事件が誰もが避けがたい災難であり、日中戦争全体からみれば取るに足らない問題であると矮小化し、責任を逃れたのだ。

八月上旬、通州を視察に訪れた陸軍政務次官で立憲政友会衆議院議員の加藤久米四郎は、帰路の途中で天津の支那駐屯軍司令部に立ち寄り、香月に「通州事件に就ては、軍司令官には責任がありませんね」と述べた。これを聞いた香月は、苦笑を抑え得なかった。

三、通州で日本居留民は何をしていたのか

通州事件では、二二五人もの日本居留民が命を落とした。通州領事館警察の調査をまとめた「通州在留官民遭難概況」(『外務省警察史　第二九巻』所収)によると、通州事件発生直前の六月末に通州にいた日本居留民の数は、日本人が一五一人、朝鮮人が一八一人の計三三二人だった。その後まもなくして盧溝橋事件が勃発し、北京から通州に避難してきた日本居留民も数多くいたため、通州事件が起きたときの通州の日本居留民の総数はこれより多かったと思われる。

通州事件発生後、日本軍に救出された居留民の数は、日本人七三人、朝鮮人五八人の合わせて一三一人(図表8。通州領事館警察の調べでは一三二人)。単純な比較はできないが、以上の統計から、通州事件によって通州にいた日本居留民のうち、半数以上が亡くなったと推測される。

犠牲者のうち、通州特務機関と通州領事館警察の関係者計一九人の遺体は火葬された。これ以外に回収できた一六四人分の日本居留民の遺体は、通州守備隊兵営近くの警団幹部訓練所前の広場にすべて埋葬される（図表9）。

通州はその昔、華北の都市のなかでも、北京や天津と並び称されるほど繁栄していた。だが、清国の首都として栄えた北京や、列強の租界地として発展した天津に対し、通州は、鉄道や自動車など新たな輸送手段の登場で、水運で知られた往時の繁栄は過去のものとなり、通州事件が起きた頃には、小さな一地方都市となる。

このような通州で、日本居留民はいったい何をしていたのか。ここではその問題に迫っていく。

㈠密輸に手を染める日本居留民

まず、問題を探るひとつの手がかりとして、通州の日本居留民がどのような職業に就いていたのかみていこう。図表10は通州領事館官警

図表8　通州事件で日本軍に収容された日本居留民負傷者の数

種別	男性	女性	子ども	合計
日本人（内地人）	41	20	12	73
朝鮮人	15	23	20	58
合　計	56	43	32	131

注：「通州兵站司令部　陣中日誌」をもとに筆者作成。

図表9　通州事件で火葬・埋葬された日本居留民の遺体数

種類	区分	男性	女性	子ども	性別不明	合計
特務機関関係者	火葬	9				9
通州領事館警察関係者	火葬	7	3			10
その他	埋葬	79	51	12	22	164
合　計		95	54	12	22	183

注：「通州兵站司令部　陣中日誌」をもとに筆者作成。日本人と朝鮮人の区別は不明。

図表10　1936年12月末時点での通州日本居留民の職業別人口（通州日本領事館警察調べ）

日本人（内地人）

職業	戸数	本業者		家族		計		合　計
官吏	3	男	3	男	2	男	5	10
		女	0	女	5	女	5	
雇員	15	男	15	男	0	男	15	18
		女	0	女	3	女	3	
旅館、飲食店、興行場	7	男	6	男	7	男	13	18
		女	1	女	4	女	5	
仲居、女給、女中	16	男	0	男	0	男	0	16
		女	16	女	0	女	16	
嗜好品製造者	2	男	2	男	0	男	2	2
		女	0	女	0	女	0	
料理人	3	男	12	男	0	男	12	4
		女	0	女	0	女	0	
会社員	3	男	3	男	0	男	3	3
		女	0	女	0	女	0	
限地開業医	1	男	1	男	1	男	2	2
		女	0	女	0	女	0	
冀東政府日系顧問	10	男	10	男	2	男	12	14
		女	0	女	2	女	2	
新聞記者業	1	男	1	男	0	男	1	1
		女	0	女	0	女	0	
土木建築業	3	男	3	男	1	男	4	6
		女	0	女	2	女	2	
水道工事業	2	男	2	男	0	男	2	2
		女	0	女	0	女	0	
日語教師	3	男	3	男	1	男	4	4
		女	0	女	0	女	0	
郵便電信電話従業者	1	男	1	男	0	男	1	1
		女	0	女	0	女	0	
その他自由業	4	男	4	男	2	男	5	8
		女	0	女	3	女	3	
合　計	74	男	57	男	15	男	72	109
		女	17	女	20	女	37	

朝鮮人

職業	戸数	本業者		家族		計		合　計
旅館、料理店、興行場	7	男	7	男	4	男	11	16
		女	0	女	5	女	5	
限地開業医	1	男	0	男	1	男	1	2
		女	1	女	0	女	1	
官吏	1	男	1	男	0	男	1	1
		女	0	女	0	女	0	
売薬請負業	1	男	1	男	0	男	1	3
		女	0	女	2	女	2	
新聞販売取次業	1	男	1	男	1	男	2	3
		女	0	女	1	女	1	
歯科限地開業	2	男	2	男	0	男	2	5
		女	0	女	3	女	3	
豆腐製造業	2	男	2	男	3	男	5	8
		女	0	女	3	女	3	
洗濯業	2	男	2	男	0	男	2	3
		女	0	女	1	女	1	
雇員	18	男	8	男	6	男	14	18
		女	0	女	4	女	4	
酌婦稼業者	17	男	0	男	0	男	0	17
		女	17	女	0	女	17	
写真撮影業	1	男	1	男	1	男	2	4
		女	0	女	2	女	2	
日語教師	2	男	2	男	2	男	4	9
		女	0	女	5	女	5	
綿布販売業	1	男	1	男	2	男	3	5
		女	0	女	2	女	2	
無職	20	男	20	男	11	男	31	53
		女	0	女	22	女	22	
合　計	87	男	59	男	36	男	95	181
		女	18	女	68	女	86	

注：1、「昭和十一年在天津総領事館北平警察署通州分署警察事務情況」、「外務省警察史　支那ノ部　在北京公使館附属警察官第一（二冊ノ内）」所収（『外務省警察史』第30巻）をもとに、筆者作成。2、表内の数字の誤りは原文のままとした。

察が調査した一九三六年一二月末時点での日本居留民の職業別人口だ。これを見ると、日本人は男女とも何らかの職業に就いていたのに対し、朝鮮人は八七戸（家族）中、四分の一近くの二〇戸が無職であることがわかる。

小林元裕『近代中国の日本居留民と阿片』によると、北京や通州の周辺にいた日本居留民のなかには、密輸品や麻薬などの禁制品を取り扱う者が少なくなかったという。なぜ、一部の日本居留民らは、それら禁制品に手を染めたのか。

三六年四月に外務省東亜局第一課が作成した「北支密輸出問題の経緯」（島田俊彦・稲葉正夫『現代史資料8』所収）には、華北に密輸品が流入するようになった理由を次のように述べている。

北支密輸入は当初客年銀の密輸出旺盛なりし当時、之に従事せる密輸者が密輸銀を処分せる資金を以て人絹、砂糖、毛織物、雑貨類等を購入持帰り密輸入し居りたるものなるが、銀価下落に伴ひ銀密輸出殆ど終息せる後も引続き行はれ、冀東政権の出現後は特に甚だしきを加ふるに至れるものなり。

華北に密輸入されていた人絹（人造絹糸〔レーヨン〕）・砂糖・毛織物・雑貨などは、三〇年に国民政府が関税自主権を回復すると、国内産業の保護を名目に、関税（海関税）引き上げの対象となる。図表11によると、関税自主権回復前後のそれら商品の一〇〇キログラム当たりの関税率は、約一・二五倍から二・五倍以上にまで跳ね上がった。

これら商品の多くは、自由港の大連を経由して華北に輸入された日本製品である。よって、国民政府の高関税政策は、一面には反日政策の意味もあったのだ。

おもな密輸品の流入ルートは、満洲から長城線を越えて馬車や列車などで運ぶ陸路と、ジャンク船や発動機船によって大連から渤海湾沿岸や山東半島に運搬する海路の二種類があった。特に海路は、冀東地区が緩衝地帯になって以降、中国側の取り締まりが充分に行き届かなくなったため横行する。

図表11　国民政府の輸入関税額の変化（100キログラムあたり）

品　目	1929年税率（元）	1933年税率（元）
貝柱	19.8	48
人造絹糸	95.7	120
砂糖	4.78	9.6
角砂糖	16	20
氷砂糖	9.57	13

注：参謀本部「支那の密輸問題に就て」、『現代史資料8』をもとに筆者作成。

(二) 冀東密貿易

華北の密輸は三六年春にピークを迎えた。そのきっかけとなったのが、冀東政権が同年二月から実施した冀東密貿易（冀東特殊貿易）だ。冀東密貿易とは、冀東政権が密輸品として入ってきた人絹や砂糖などに対し、検査（査験）のためと称して、国民政府の関税率のおよそ四分の一相当の特別税を新たに設ける。密輸業者はこれを冀東政権側に支払い、密輸を「合法化」したのだ。

冀東密貿易の目的はいったい何か。当時、上海日本大使館書記官を務めていた曾《そ》禰《ね》益《えき》は、「北支特殊貿易の現状（訂正稿）」（同右所収）で次のように述べる。冀東政権に冀東密貿易を始めるよう指導したのは、山海関特務機関（後の通州特務機関）長の竹下義晴《たけしたよしはる》大佐だった。彼は、冀東密貿易で得た収入で、財源の乏しかった冀東政権の財政を支えようとした。また同時に、国民政府の関税収入に打撃を与えて、現行の高関税政策の見直しを迫ろうとしたのだ。

　冀東政権は密輸入を統制するため、渤海湾沿岸の秦皇島、南大寺《なんだいじ》、北戴河《ほくたいが》、留守営《るすえい》、昌黎を荷揚地に指定し、天津に住む日本居留民の三宅富一《みやけとみいち》が経営する運送会社旭組《あさひぐみ》に荷役と荷揚地から鉄道駅までの運搬を請け負わせる。青島日本商工会議所がまとめた「冀東沿海よりの密輸入に関する調査並其及ぼす影響に就ての考察」（同右所収）によると、旭組を介しての密輸品の輸入の手続きから運搬までの流れは具体的に以下のとおりだった。

竹下義晴中将（写真時。『支那駐屯歩兵第二聯隊史』、扉絵）。竹下は山海関特務機関長として、冀東政権の設立や冀東密貿易の実施に係わった。

　同店の仕事は大連より貨物を輸送し河東寨《かとうさい》或ひは洋河口《ようかこう》（どちらも渤海湾沿岸――引用者注）附近に沖懸りせる発動機船及汽船より、政府指定の苦力《クーリー》、ハシケを使用して荷役し、海岸にてインボイスを受取り、所定の査験申告書に摘要記載の上査験分所の検査を求め、検査費即ち輸入税を支払ひ、納費証書を受取りたる後更に指定の荷馬車を以て北戴河駅若くは留守営駅迄の運搬を行ふ範囲に限定され居れり。

そして、荷揚地周辺や密輸品が通過する通州や唐山には、日本居留民のなかでも、密輸入でひと儲けしようと企む者や、密輸業者を客にとる飲食業者や宿泊業者、ならびにそこで働く給仕など従業員が住みつくようになったのだ。

冀東政権は冀東密貿易でどれくらいの収入を得たか。まとまった統計はないが、島田俊彦「華北工作と国交調整（一九三三〜一九三七年）」（『太平洋戦争への道　第三巻』所収）にある日本海軍旅順要港部の調査によると、冀東密貿易が始まった翌三月の収入は六六万元、四月は一二三万元、五月は一五二万元だった。冀東政権一ヶ年の財政収入予算が約一五〇〇万元であったことから、その割合をみると、冀東密貿易の収入が政権の主要な財源のひとつとなっていたことがわかる。

当時、関東軍参謀副長を務めていた今村均《いまむらひとし》は『私記——一軍人六十年の哀歓』のなかで、冀東密貿易で得た余剰金の一部は冀東政権から関東軍に横流しされ、内蒙古に対する謀略工作に使われていたと明かす。

関税収入が国家財政の主要部分を占めていた国民政府にとって、冀東密貿易は早急に対策を取らなければならない深刻な問題であった。関税収入を対中国借款の担保としていたイギリスなど列強諸国も、冀東密貿易に批判の目を向ける。国民政府は、冀東政権に冀東密貿易を止めさせるよう日本政府に抗議するとともに、これ以上密貿易が進展しないよう、中国本土に流入する密輸品の取り締まりを徹底した。その結果、三六年六月以降、冀東密貿易は徐々に衰退していくのである。

㈢アヘン密輸とヘロイン製造

冀東密貿易以上に中国に大きな被害をもたらしたのが、冀東地区を舞台にしたアヘンの密輸であった。長城線を挟んで冀東地区の北側に隣接する熱河省と、さらにその西北方にある綏遠省（現中国内蒙古自治区の一部）は、中国屈指のアヘン生産地だ。そこで栽培されたアヘンが冀東地区を通って、天津の外国租界に存在したというアヘンマーケットに流入していた。

特にアヘン密輸が盛んになったのは、満洲国成立以後である。満洲国はアヘン専売制を実施するため、満洲国内でのアヘン栽培と流通に統制を加えた。その過程で一部のアヘンが密輸品として冀東地区に流れたのだ。

アヘン密輸はどのようにして行われていたか。「外務省警察史　在山海関領事館　第二（二冊ノ内）山海関第二」（『外務省警察史』第三七巻所収）によると、三五年四月、長城線を挟んで熱河省に隣接していた山海関の日本領事館警察は、アヘン密輸の様子を次のように記した。

当管内北方は満支国境にして密輸阿片の運搬に便なる関係上、満支関門たる長城線義院口《ぎいんこう》及九門口《きゅうもんこう》附近の国境線一帯に於て熱河地方産出の阿片、満支人密輸業者と連絡、支那国に密輸入しつつあるが、山岳を選び三、四貫目位を駄馬に積載し、昼間は山間又は連絡部落に休憩し、夜間を利用運搬入国するものにして、密輸業者は隊伍を組み、一行七、八名以上にして各自弾丸装塡の拳銃を所持し、前衛を附し、支那官憲又は税関吏と遭遇したる場合は、直ちに後方部隊に連絡する等、其の用意頗る周到なるものあり。

冀東政権成立以前、これらアヘン密輸を、殷汝耕はじめ緩衝地帯の中国側機関は保安隊を動員するなどして取り締まらなかったのか。当時、陸軍参謀本部附の中国研究員として北京に滞在していた岡田《おかだ》芳政《よしまさ》大尉は「阿片戦争と私の体験」（『続・現代史資料12』所収）で語る。三五年、華北分離工作が進むなか、支那駐屯軍は満洲国の手にあった熱河産アヘンを使って天津のアヘンマーケットの支配を狙う。彼らは熱河省承徳と北京を走る自動車運送会社の阪田組を経営していた阪田《さかた》誠盛《しげもり》に命じて、大量の熱河産アヘンを天津に輸送させる計画を立てたのだ。

熊野三平『「阪田機関」出動ス』によると、阪田は一九〇〇年に和歌山県で生まれる。北京留学をへて、三〇年、参謀本部調査班に入り、輸送機材の調査に携わった。そのときの高い分析能力が評価され、三一年、尉官待遇で関東軍参謀部に入る。それからまもなくして、満洲国自治指導部訓練所（後の大同学院）で交通政策を講義する教官に就く。三三年、彼はそれまでの経験と人脈を生かして阪田組を立ち上げ、日本軍の下請けとして軍需品の輸送を行う。

このアヘン輸送計画を成功させるには、できるだけ秘密裏に進めて、中国や諸外国の批判をかわす必要があった。そのため、阪田は緩衝地帯を支配していた旧知の殷汝耕と会い、アヘン輸送に便宜を図るよう求める。殷はこの要求を受け入れた。冀東政権ができると、熱河産アヘンを積んだ阪田組のトラックが公然と冀東地区を走り回った。

阪田組は、承徳から冀東地区を通って天津まで延びる軍用道路を使ってアヘンを運んだ。その軍用道路の途上に通州があったのだ。

阪田組のトラックに積まれたアヘンが冀東地区を通過するようになったことで生じた通州の変化を、元南満洲製薬社長の山内三郎《やまうちさぶろう》は「麻薬と戦争―日中戦争の秘密兵器―」（『続・現代史資料12』）で次のように述べた。

新しく作られた自治連合政府（冀東政権のこと――引用者注）が、親日派を長官に選び、日本の軍部と手を握っていたことから、この冀東地区こそ、満洲、関東州などから送り込まれるヘロインなどの密輸基地の観を呈し始めたのである。

首都は通州に所在したが、この首都郊外ですら、日本軍特務機関の暗黙の了解のもとに、麻薬製造が公然と行なわれたのである。

ヘロイン（塩酸ジアセチルモルヒネ）は、アヘンの主成分であるモルヒネに無水酢酸を加えてできる麻薬で、依存性がきわめて高いことで知られる。

山内によると、もともと中国の主要なヘロイン輸入先はドイツだった。しかし、第一次世界大戦に敗れたドイツからヘロインが輸入されなくなると、代わりに日本から運ばれてくるようになる。一九二〇年代に入ると、中国でヘロインの現地生産が始まり、中国全土にヘロインの販売網が広がった。

同書によると、ヘロインは中国で需要が高く、また製造方法も簡単であったため、

徴兵検査前の日本人の青少年がヘロイン製造と販売のいずれかにちょっと手を染めるだけで、身分不相応な収入を得ることができ、彼等の遊び興ずる姿が、天津の花柳界に夜な夜な見うけられるようになった。

中国でのヘロインの製造や販売に日本居留民はどのように関わっていたのか。同書で山内は言う。

日本人がヘロイン販売をする場合は、原料であるモルヒネ・バーゼを手に入れる製造人と、その製造人から規程の工賃をもらって、モヒ《ママ》・バーゼにアセチルを加えて、薄桃色のジ・アセチル・モルヒネを作る〝チル屋〟と、さらに塩酸ヘロインを作る〝結晶屋〟、製造販売部である。〝大卸し〟、そして〝中卸し〟、までを受け持つことになる。製品はそれから先、〝小卸し〟を経て〝零売人〟から消費者へと受けつがれるが、〝小卸し〟から先の販路はすべて朝鮮人の仕事となっていた。

麻薬製造が公然と行われていたという通州にも、これらヘロインを取り扱っていた日本居留民が住んでいたと思われる。そして、彼らの一部が通州事件に遭い命を落としたとしていても不思議ではない。

四、通州事件は日中戦争にいかなる影響を及ぼしたのか

通州事件は、その後の日中戦争の展開にいかなる影響を及ぼしたか。通州事件の歴史的意義の解明につながるこの問題も、事件の発生原因をめぐる議論と同様、戦後、日本の研究者を中心に検討が繰り返される。

たとえば、秦郁彦《はたいくひこ》は『日中戦争史』で、日中戦争の研究のなかで通州事件を取り上げ、日本のメディアが通州事件を「第二の尼港事件」と呼んで中国人の残虐性を宣伝し、日本国民の反中感情を煽ったと論じた。

小林元裕は「通州事件の語られ方」（『環日本海研究年報』第一九号所収）のなかで、通州事件とメディアとの関係について取り上げ、新聞報道で出回った通州事件の残虐なイメージが、雑誌記事や戯曲にも採用されて日本国民の脳裏に定着したと分析する。

以上のふたつの研究から、通州事件の残虐なイメージが新聞報道を通して日本に伝えられ、それにより日本国民の反中感情が高まったことが明らかにされたのだ。

これを通州事件が日中戦争の展開に与えた影響のひとつとした場合、残虐的性を伝える新

聞報道とはどのような内容だったか。その報道に日本政府、または日本軍は関与していなかったのか。ここでは日本の主要紙や雑誌に掲載された報道写真と、日本国民の戦争熱を煽った反中プロパガンダの側面から問題点を検証していく。

(一) 通州事件の注目度と報道写真の内容

(1) 報道写真の掲載数の比較

かりに、日本が通州事件の報道写真を反中プロパガンダに利用していたとしたら、掲載された写真の数は、ほかの事件のものと比べて多くなっているはずではないか。この疑問を検証するため、まず戦前の日本三大中央紙の『東京日日新聞』(現『毎日新聞』)、『東京朝日新聞』、『読売新聞』の三紙に掲載された通州事件とその直前に華北で起きた郎坊事件と広安門事件の報道写真の点数を比べてみよう。

図表12は該当事件に関する報道写真の点数結果である。これを見ると、三紙の各事件の報道写真の総点数は、郎坊事件が三一点、広安門事件が一六点に対し、通州事件が八八点と前のふたつの事件の点数を大幅に上回っていた。このことか

図表12　戦前大手各紙に掲載された三つの事件に関する報道写真の点数
（1937年7月26日～8月10日）

	東京日日新聞	東京朝日新聞	読売新聞	合計
郎 坊 事 件	10	6	15	31
広安門事件	10	3	3	16
通 州 事 件	35	20	33	88

注：①点数に挙げたのは、事件現場を直接撮ったもの以外に、事件発生前の現場の様子、事件関係者の顔写真も含めた。
②範囲を8月10日までとしたのは、前日の8月9日に上海で日本海軍督戦隊大山勇夫大尉殺人事件が殺害され、これをきっかけに報道の中心が華北から華中に移り、上記三つの事件があまり報道されなくなったことによる。
③同じ写真が別の日の記事、あるいは同日でも別号に転載された場合は、各1点とした。

ら、通州事件の報道がほかのふたつの事件と比べて、かなり過熱していたことがわかる。なぜこのような結果が出たか。考えられる理由として、郎坊事件と広安門事件が通州事件と比べて早く収束したことや、通州事件が前のふたつの事件と異なり、民間人である日本居留民が殺傷され、読者の高い注目を浴びたことなどではないか。

次に通州事件の報道写真に限定して見てみよう。報道が過熱していたとはいえ、三紙の掲載数にはやや差があり、事件の取り上げ方に違いがある。たとえば、『東京日日新聞』が三五点ともっとも多く、『読売新聞』は三三点掲載したのに対し、『東京朝日新聞』は二〇点と、『東京日日新聞』の半分強だった。なぜ三紙の掲載点数にこのような違いが出たか。

通州叛亂に悲憤
三度び危地の姉夫妻を語る
殷汝耕氏夫人の妹
安井畫伯
審査員辭退
世田谷の強盗

日本で初めて報じられた通州事件関連の報道写真
（『読売新聞』1937年7月30日号外）

内川芳美《うちかわよしみ》「解題　昭和前期マス・メディア統制の法と機構」（『現代史資料41』所収）によると、戦前、新聞や雑誌など紙媒体を使った伝統的な日本のマスメディアの動きを統制する法的根拠となっていたのは、一八九三年制定の「出版法」と、一九〇九年制定の「新聞紙法」である。これら法律は、政府の体制維持を目的に、内務大臣による秩序や風紀を乱す記事の掲載禁止や、発売頒布禁止の行政処分など、厳しい罰則が設けられていた。

　そのなかで、三紙は大正期に入ると、デモクラシーを求める風潮を受けて、護憲運動や軍縮を支持する世論を形成し、政府や軍部を批判する論陣を張る。

　だが、三一年九月、満洲事変が勃発すると、軍と警察による言論統制が強化され、軍部に反発する論調への批判が高まった。そのなかでも『東京朝日新聞』は批判の標的となり、軍関係者を中心に不買運動や、編集部に対する嫌がらせ行為が起きたのである。

　新聞メディアに厳しい目が向けられるなか、発行部数でほかの二紙に後れを取っていた『読売新聞』は、満洲事変勃発後、好戦的な新聞報道が売り上げにつながると判断。それまで控えていた平日夕刊の発行に踏みきる。

　さらに、三二年一二月一九日、ニュース通信社の日本電報通信社（現在の電通）をはじめ、読売・東京朝日・東京日日など新聞社一二〇社あまりは、満洲国の独立を支持する共同宣言を発表し、メディアとして自ら戦争に協力する意思表明をした。

　三七年七月、日中戦争が勃発すると、日本のメディア統制はさらに厳しさを増す。このとき、陸軍の主張に沿って、中国に対する一撃膺懲を訴えた『東京日日新聞』と『読売新聞』に対し、『東京朝日新聞』は社説などで日中の和平解決や戦争全面化の回避を訴え続け、二紙と一線を画した。

　このような日中戦争に対する三紙の報道姿勢の違いが、通州事件の報道写真の掲載数に表れたのではないか。

⑵ 報道写真は通州事件の何を写したのか

それでは、三紙はそれぞれ報道写真を使って、通州事件をどのように伝えたか。そして、事件の何を写し、何を写さなかったのか。図表13は通州事件発生後、三紙の事件に関する報道写真に付されたキャプションを、各日種類別にまとめたものである。

ここでは、三紙の写真報道の変化から前期（七月三〇日－八月一日）、中期（八月二日－八月七日）、後期（八月八日－八月一〇日）と期間を三分割して、それぞれ比較していく。

(i) 前期（七月三〇日－八月一日）の報道写真

前述のとおり、通州事件の発生を受け、七月三〇日午後四時二〇分、萱嶋部隊は通州に救援に駆けつけた。彼らは保安隊の去った通州の各城門に歩哨を配置し、厳戒態勢を敷いたうえで、居留民の救出と遺体の収容作業に入る。そして、許可があるまで、通州城内に日本軍と警官以外、一般人の入城を禁止した。このような状況のなか、三紙は通州事件について、どのような報道写真を掲載したか。

三紙のうち、もっとも熱心に取材に取り組んだのが『読売新聞』だ。通州事件発生翌日の七月三〇日、同紙は東京に住む殷汝耕の義妹夫婦を取材し、号外二面に保安隊に拉致された殷汝耕の安否を気遣うふたりの姿を掲載する。管見の限り、これが通州事件に関する初めての報道写真であった。

（1937年7月30日～8月10日）

	東京朝日		読売	
			2面	寫眞は道男氏と百合子さん
			1面	通州で奮戦の我軍 （上）城壁によって射撃 （下）城壁下の哨兵＝空輸・福岡より電送＝陸軍省検閲濟 【寫眞は殷長官】
	2面	【寫眞は細木中佐】	1面	【上】城壁に據つて射撃する我兵 【下】排日教育の巣・潞河中學校爆破の跡＝天津より空輸＝陸軍省検閲済
			7面	通州入城の皇軍を迎へて安堵する同胞【天津より】
	1面	池宗墨氏	1面	殷汝耕氏（右）と長官代理池氏＝冀東政府門前にて
	3面	通州爆撃（軍撮影）		
	2面	叛亂事件の起つた通州城内	2面	【寫眞は安藤記者】
	2面	【寫眞は細木中佐】	7面	通州の露と消えた人々 【右】行方不明の石井夫妻 【左上】戦死した島田屬とその妻子 【同下】行方不明の鈴木郁太郎氏一圓内一と妻茂子さん、三女紀子さん、左は生残つた節子ちやん
	11面	【寫眞上は石井氏夫妻　下は島田屬託】		
	1面	細木機關長	1面	皇軍通州爆撃の跡・・破壊された學校
			2面	通州で戦死の六警官＝（上から金東旭、草場敏夫、石島戸三郎、千葉貞吾、日野誠直、濱田末喜の諸氏）
	2面	【寫眞は先月通州に殷汝耕氏（左）を訪問した進藤特派員】 通州特務機關正門　自動車の傍らに立てるは奮戦討死した甲斐少佐	1面	通州特務機關、人物は奮戦遂に討死せる甲斐少佐（天津より空輸）
	11面	襲はれた冀東銀行	7面	【寫眞その青年團員の方々】
			7面	奇しくも救出された殷汝耕氏
	10面	【寫眞は細谷氏と其手紙】	7面	【寫眞（上）細谷氏と（右から）松平女史、いと子夫人、令嬢（下）德子さんと匂川氏】

図表13　戦前中央三紙にみる通州事件に関連する報道写真のキャプション

				東京日日	
7月	30日	号外			
	31日	朝刊	3面	恨み深き通州 【上】冀東防共自治政府 【中左】冀東政府における殷汝耕長官（右）と一色本社特派員（左）の記念撮影＝去る廿一日 【中右】通州の市街 【下左】細木中佐 【下右】宮脇顧問	
8月	1日	朝刊	2面	（寫眞は行方不明の細木中佐） 通州のわが兩機關 （上）特務機關 （下）守備隊	
		夕刊	1面	池宗墨氏	
			2面	（寫眞は殷汝耕氏）	
		号外	1面	殷汝耕氏	
			2面	殷汝耕夫人民慧さんと三原特派員	
	2日	朝刊	2面	【寫眞は安藤氏】	
	3日				
	4日	朝刊	9面	通州鬼畜の犠牲？　島田不朽郎夫妻と （上）石井亨氏 （下）鈴木郁太郎氏	
		夕刊	1面	殷汝耕氏救出に活躍する荒木五郎氏 北平城門外にて＝本社京城移動電送＝	
	5日	朝刊	11面	日章旗翻る通州特務機關 自動車の傍に立てるは奮戰遂に討死せる甲斐少佐	
	6日	朝刊			
	7日	朝刊	2面	通州における我軍の警備（卅日） 下は通州から兇手を脱れ北平に歸つた人々＝左端が冀東政府保安隊顧問村尾昌彦氏夫人	
			7面	細谷源四郎氏	
		夕刊	1面	【同月卅一日】天人倶に許さぬ同胞の仇敵通州叛亂保安隊を○○において武装解除	

	東京朝日		読売	
			10面	【寫眞は安藤記者】
	1面	寫眞説明＝いづれも八月四日撮影 【1】通州戰歿者の墓に生存者が涙の默禱 【2】支那兵の暴虐に死の街と化した通州 【3】鬼畜の手から生殘つた居留民 【4】日章旗翻る通州日本軍守備隊 【5】敵が遺棄した野砲 【6】支那兵によつて無殘破壞された通州の市街 【7】我軍が鹵獲した敵の銃器の山		
			2面	通州惨事の跡 【上】わが守備隊 【下】わが領事館警察　【尾崎、船越兩特派員撮影】
			7面	寫眞＝ 【上】通州守備隊内に安置された甲斐中佐らの遺骨（中央細木大佐の右隣） 【中】甲斐兄弟の作文 【下】悲涙の作文綴る甲斐春作君と恭子さん＝船越、尾崎兩特派員撮影 故甲斐厚少佐

			東京日日		
8月	8日	朝刊			
		号外	1面	惨！　痛恨の通州暴虐の跡　寫眞説明 【上】通州日本守備隊の彈痕 【下】通州城門前のわが〇〇部隊＝四日寫す＝福岡本社電送	
			2面	寫眞説明 （上）我が通州守備隊に収容された居留民負傷者 （下）平和再來の通州	
	9日	朝刊	2面	通州・地獄圖繪（寫眞第二報） （上）通州冀東警團幹部教練所の彈痕 （中左）通州犠牲者の假の墓に花を手向ける生存者 （中右）通州の我が領事館警察 （下）被害甚大であつた通州最大の日本旅館近水樓（いづれも四日寫す）＝本社門司電送	
		号外	1面	通州殘虐の跡　通州冀團幹部教練所の彈痕＝四日本社特派員撮影＝本社門司電送	
			2面	長恨の通州・寫眞第二報 ①犠牲者の假の墓標に花を手向ける生存者 ②慘憺たるわが領事館警察 ③居留民多數の生命を奪はれた日本旅館料理店近水樓 ④守備隊兵營内に安置された特務機關の遺骨 ⑤冀東政府前のわが軍＝四日撮影＝本社門司電送	
	10日	朝刊			

なお、この記事の見出しには、「通州叛乱に悲憤」とあり、保安隊が反乱を起こしたことには触れた。しかし、居留民が殺害されたことについては言及がない。なぜなら、このとき通州ではまだ戦闘が続いていて、保安隊が日本居留民を殺害していることが日本のメディアにまで伝わっていなかったからである。

三一日、『読売新聞』は二段組みからなる通州の城壁上で戦う日本軍将兵の写真を掲載した。この報道写真によって、通州事件の戦場の様子が初めて日本に伝わったのだ。

八月一日、『読売新聞』は朝刊七面で、通州事件で城外に逃れた日本居留民の出迎えを受けて通州に入城する日本軍の様子を報じる。前述のとおり、このとき通州城外には通州事件で避難していた一万人あまりの中国人住民もいたはずだった。だが、この日の『読売新聞』の報道では、そのことについて何も触れていない。

一方、『東京日日新聞』は、三一日朝刊三面で、「恨み深き通州」と題し、五段組みからなる通州事件に関する報道写真を掲載した。すでにこのとき、通州事件で日本居留民が殺害されたことが明らかになっていたため、扇情的なタイトルがつけられたと考えられる。

五枚組みの報道写真のうち、二枚は通州事件発生前の通州城内の様子を捉えたものだ。残りの三枚は、同紙特派員を除き、通州事件に巻き込まれた人物が写っていた。

このなかの「細木中佐」と「宮脇顧問」とは、それぞれ事件で命を落とした細木通州特務機関長と、冀東政権経済顧問の宮脇賢之助《みやわきけんのすけ》のことを指す。ふたりとも身元がはっきりしていたため、『東京日日新聞』は彼らの顔写真を通州事件の日本人犠牲者として、いち早く掲載することができたのだ。

八月一日、『東京日日新聞』は、朝刊二面で細木の顔写真のほかに、通州特務機関のアーチ状の門と、通州守備隊兵営入り口の写真を掲載する。さらに、夕刊と号外で殷汝耕の顔写真とともに殷が保安隊に拉致されてから解放されるまでの顚末を報じた。『東京日日新聞』は、報道写真の点数は三紙の中でもっとも多い。しかし、読売新聞のような通州事件の現場を捉えた写真はなかった。

『東京朝日新聞』は、三紙中もっとも遅く、八月一日になって通州事件に関する報道写真付きの記事を掲載した。載っていたのは朝刊二面に細木中佐の顔写真、夕刊一面に辞職した殷汝耕に代わって冀東政権の指導者となった池宗墨のポートレート、三面に日本軍が通州を空爆した際の航空写真である。

以上、前期の三紙の報道写真は、三紙それぞれの通州事件に対する報道姿勢により、特徴がはっきり表れていた。もっとも熱心に取材した『読売新聞』は、現地の写真を掲載して、事件の現状を伝えている。また、『東京日日新聞』は目新しい報道写真はなかった。だが、掲載点数で『読売新聞』を上回る。これに対し、通州事件の報道に消極的だった『東京朝日新聞』は、報道写真も三点とわずかであった。

(ii) 中期（八月二日－八月七日）の報道写真

新聞報道によって、通州事件の様子が徐々に明らかとなる一方、事件発生から日がたつにつれ、通州から逃れた生還者の口から、生々しい体験談が語られるようになる。

通州事件発生後、もっとも早く報じられた体験談は、七月三一日の『東京日日新聞』号外に掲載された村尾昌彦保安隊第一総隊顧問の妻こしのの証言だ。このとき、村尾は通州事件を尼港事件になぞらえて語った。

尼港事件が起きたのは、通州事件の一七年前で、読者の頭に事件の記憶がわずかでも残っていたと思われる。通州事件の様子がほとんどわかっていないなか、村尾こしのの証言は、尼港事件の記憶と相まって、通州事件の残虐的なイメージを増幅させたといえよう。

報道写真をともなった体験談の最初は、八月二日に『東京日日新聞』と『読売新聞』の両紙に掲載された安藤利男の記事であった。

この安藤の体験談は日本で関心を集める。同月八日、天津から日本全国に向けて、安藤自身が体験を語るラジオ放送が流れ、同年中に『通州兵変の真相　安藤同盟特派員流血脱出手記』森田書房）が刊行された。

日一日と、通州事件の報道内容が具体的になると、それを目にした日本人の間に憤りと動揺が広がる。『戦時の日常　ある裁判官夫人の日記』によると、姫路地方裁判所判事の坂本徹章の妻たねは、八月三日、通州事件の新聞報道を目にしたときのショックを次のように日記に書き残した。


道州に於ける邦人虐殺事件の詳報によれば、三百八十名の居留民（日鮮人合せて）の中生存者判明せるもの百三十五名との事。実に残虐極まる支那兵の仕打にはとても涙なしでは読む事ができない。犠牲になった人たちの霊に対して深く哀悼の意を表した。

八月四日、三紙は朝刊でそろって通州事件で行方不明になった島田不朽郎夫妻・石井亨夫妻・鈴木郁太郎の写真、ならびに彼らの安否を気遣う記事を掲載する。島田は通州特務機関嘱託、石井は冀東政権実業庁植棉指導員、鈴木は通州城内で医師をそれぞれ務めていた。報道写真自体は三紙でそれぞれ異なるが、通州事件について三紙が同日に同内容の報道写真を取り上げたのは、事件発生以来初めてだ。

さらに、翌五日、三紙の朝刊に掲載された通州特務機関門前に立つ甲斐少佐の報道写真は、三紙ともまったく同じで、キャプションの文面もほぼ一緒だった。

このように、中期の報道写真は、前期にあった三紙ごとの報道姿勢の違いは影を潜める。その反対に、三紙が横並びに同じ内容の報道写真を掲載するようになった。キャプションについても、前期と比べて、通州事件の残虐性を強調するようなことば遣いに変化していく。

(iii) 後期（八月八日－八月一〇日）の報道写真

通州事件が発生してから一〇日後の八月八日、『東京日日新聞』と『東京朝日新聞』は、ともに号外で八月四日に撮影された通州の現地写真を掲載した。このなかには、通州事件で廃墟と化した通州城内を捉えた写真も含まれる。『東京日日新聞』は報道写真とあわせて、キャプションに「惨!痛恨の通州暴虐の跡」、『東京朝日新聞』は記事のタイトルに「痛恨断腸の地・衂《ちぬ》られた通州」と記し、事件の残虐性を強調した。

『東京日日新聞』は翌九日、朝刊二面で、「通州・地獄図絵(写真第二報)」と題して、前日に続いて四日に撮られた通州城内の報道写真を掲載。同日の号外にも同じ写真を転載する。建物の壁面に残った無数の銃弾の跡や、犠牲者の墓に花を手向ける生存者の姿は、通州事件を尼港事件のイメージと重ね合わせてみていた読者に、強烈なインパクトを与えた。なお、『毎日新聞を開秘蔵　不許可写真1』によると、『東京日日新聞』は、通州事件の際に保安隊が焼き払った日本軍の自動車の写真を撮影していたが、後に陸軍から掲載不許可とされた。

東京日日新聞

廿一師綏遠へ

通州・地獄圖繪(寫眞 第二報)

沿岸最後の居留民

江湖に愬ふ

出征軍人遺家

本社皇軍慰問

應募資金

通州事件で被害を受けた通州城内を写した報道写真
(『東京日日新聞』1937年8月9日朝刊)

一方、当初から通州事件の報道に積極的だった『読売新聞』は、二紙に遅れ一〇日になって、朝刊に特派員によって撮影された通州城内の写真を報じた。写真の掲載が遅れたことで、結果的に三紙によって、八日から一〇日までの三日間、報道写真をとおして、崩壊した通州城内の様子が日本の読者に連続して伝えられたのである。

改めて、三つの期間の通州事件の報道写真の変化についてみていく。前期は通州が封鎖され取材ができないなか、『読売新聞』のように城壁の外から事件現場を撮影したり、『東京日日新聞』や『東京朝日新聞』のように、事件発生前の通州を捉えた写真を使ったりして事件を報じる。そのため、三紙それぞれに報道写真や報じる内容に違いが現れた。

中期になると、三紙の間で報道内容が同じになることが多くなる。それにともない、報道写真にも前期のような違いが少なくなった。特に、八月五日の甲斐少佐の写真は、三紙とも同一のものを使用している。また、報道写真の内容やキャプションも残虐性を強調するようになった。

後期になると、瓦礫と化した通州城内の報道写真が三日間にわたり、五月雨式《さみだれしき》に三紙に掲載され、事件現場の悲惨な状況が日本に伝えられる。そして、報道写真とキャプションには残虐性が前面に押し出された。

以上のことから、次のような推論が成り立つ。通州事件の報道写真は、八月二日頃を境に徐々に三紙の独自性が失われた。その内容も客観性が薄れ、残虐性といった感情に訴えるような主観的な報道が目立つようになる。それはこのときから、通州事件の報道写真が日本の反中プロパガンダとして利用されるようになったからではないか。次に通州事件までの日中双方のプロパガンダをめぐる動きを踏まえながら、この推論を検証する。

㈡ 日中のプロパガンダ戦と通州事件

(1) 中国の反日プロパガンダに対する危機

日本は通州事件の報道写真を反中プロパガンダに用いたのか。もし、用いたとすれば、それはなぜか。この疑問を検討するうえで手がかりとなるのが、通州事件の発生から四日がたった八月二日に駐上海日本大使館附陸軍武官の喜多誠一少将が、陸軍次官の梅津美治郎中将と参謀次長の今井清中将に宛てた電文、上海大使館附武官発次官次長定形宛（A作）第一〇〇号（「昭和十二年、陸支密大日記　第十一号」所収）である。

このなかで喜多は、

> 支那側は数日前より日本軍が無辜の支那民衆及外国人を殺害し或は殺傷しある旨の宣伝を開始しあるに鑑み、之が反駁に就て当地に於ても通州事件の如きは迅速に報道せしむる要あるべく、社会部記者等をして十二分に活動せしめられ度。重複を厭はず重ねて切望す。

と述べて、通州事件の報道を中国に対抗するためのプロパガンダに利用するよう求めたのだ。

彼がいかなる情報に基づいてこの電文を作成したのかは不明であるが、実際に喜多の指摘したような宣伝があったのか。

于寧《うねい》「一九三七年通州事件研究」によると、たとえば、電文が発せられる二日前の七月三一日、上海で発行されていた中国を代表する新聞のひとつ『申報』に、三〇日、天津郊外の郭荘子で日本軍の銃撃によって多くの市民が命を落としたという報道が掲載された。また、翌八月一日、同紙にフランス人からの情報として、三一日に天津フランス租界で進路を妨害された日本兵が、対応にあたったフランス人兵士に暴行を加え負傷させたと報じられた。さらに、八月一日の『大公報』上海版と二日の『申報』にそれぞれ通州事件の話題が取りあげられ、保安隊の反乱が愛国的精神に基づくものであると論評された。上海を中心に活動していた喜多は、『申報』や『大公報』など上海の主要紙を情報源のひとつにし、これらの記事に目を通していた可能性はある。

なお、馬光仁『中国近代新聞法制史』によると、当時中国で出回っていた出版物は、一九三〇年一二月一六日に国民政府が施行した「出版法」と、三一年一〇月七日公布の「出版法施行細則」に基づいて発行されていた。「出版法」は出版物の範囲や出版物の内容について規定が設けられており、中国国民党や党是の三民主義を破壊すること、ならびに国民政府の転覆や公序良俗に反することが掲載された場合、責任者の逮捕や停刊の措置がとられる。

さらに、新聞は満洲事変翌年の三二年から、書籍や雑誌は三四年から、それぞれ事前検閲が始まった。三五年一二月には出版や放送などを含むあらゆる文化事業を統一管理する中央文化事業計画委員会が設置されるなど、国民政府による統制がいっそう強化されたのだ。

盧溝橋事件が勃発すると、中国各地の新聞は、日本軍の侵略行為を大々的に報じ、中国軍の「連戦連勝」を伝えた報道や画報の一部は海外にも広まる。

このような状況のなかで発せられた喜多の電文は、これら中国の反日プロパガンダに対抗しなければならないという出先からの警告だった。

⑵ 日本の戦時プロパガンダにおける通州事件の位置

それでは、日本側はプロパガンダについてどのような態勢をとり、そして、中国の反日プロパガンダにどう対処したか。喜多の電文を見ると、八月三日付で陸軍省大臣官房とその下部組織の陸軍省新聞班の受領印がそれぞれ押されていた。西岡香織《にしおかかおり》『報道戦線から見た「日中戦争」』によると、陸軍省新聞班は、一九一九年二月一〇日、第一次世界大戦後の軍縮ムードのなかで、以前から閉鎖的といわれていた陸軍を日本国民に広くアピールすることをおもな目的に設立される。

日本は第一次世界大戦を契機に、プロパガンダによる内外世論の操作の重要性に着目していた。しかし、まだこのとき、日本政府にプロパガンダに関する統一的な政策があったわけではない。陸軍省新聞班のように、関係各省にそれぞれプロパガンダに係わる組織が置かれた程度である。たとえば、新聞班以外に、外務省には一九二二年八月に外務省情報部、海軍省には一九二三年五月に海軍省軍事普及委員会がそれぞれあった。

しかし、満州事変が勃発すると、プロパガンダの統一的な運用の必要性から、三二年五月頃、外務・陸軍両省の関係者によって時局同志会が設けられる。九月一〇日には、外務・陸軍のほかに、海軍・文部・内務・逓信の各省関係者を含めた非公式の情報委員会が発足した。

さらに、三六年、ロンドン海軍軍縮条約が失効し、日本がいわゆる「無条約時代」に入ると、国家的規模のより強力なプロパガンダ機関の設立が求められるようになる。そして、議論の末、同年七月一日、内閣書記官長を委員長とする内閣情報委員会が成立した。

このように、矢継ぎ早に日本のプロパガンダをめぐる体勢が整備されるなか、新聞班のおもな役目も当初の国民向けの広報活動から、情報統制や世論操作へと変化していく。「事変初期陸軍関係記事取締状況」（『現代史資料40』所収）によると、たとえば、三七年七月二八日に新聞班が定めた「新聞掲載事項許否判定要領」は、戦闘中の日本軍に関して報じた記事や写真について、新聞掲載の許否の基準を定めたものだ。三一日に陸相の名で公布された陸軍関係記事の取り締まりを定めた「陸軍省令第二十四号」（「新聞紙法第二十七来に基づく軍事に関する記事掲載制限」、同右所収）とともに、新聞報道を厳しく統制した。

通州事件は、このような日本の戦時プロパガンダが確立されていくさなかに起きる。そして、喜多が電文で発した警告は、新聞班にとって考慮に値するものであった。

⑶日本の反中プロパガンダに利用された通州事件

喜多の電文を受領した新聞班が、プロパガンダについてどのような議論を交わしたのかは史料がなく不明である。しかし、以下の二点から、新聞班は喜多の提案を受け入れ、外務省とともに、通州事件の報道写真を反中プロパガンダとして利用したとみなすことができる。

ひとつ目は、喜多の電文を受けた直後から、それまでできなかった通州城内での取材が可能になったことである。八月三日、陸軍省は中国に駐在していた各紙特派員を「陸軍従軍記者」として認める旨の指示を出した。陸軍が新聞記者にこのような優遇をするのは、日露戦争以来のことであった。

翌八月四日、事件発生以来、関係者以外立ち入れなかった通州が開城され、城内の取材が許された。このとき撮影された報道写真が、八日以降に一斉に紙面に掲載されたのは、前述のとおりである。

新聞班が喜多の電文を受けたのと、従軍記者の任命、ならびに通州の開城がたまたま続いたとみなすこともできなくはない。だが、前述した通州事件の報道写真の変化を踏まえると、この一連の流れはただの偶然ではない何らかの意図が働いていたのではないか。

ふたつ目は、海外に向けて、日本側に有利なように通州事件の情報を伝える印刷物が作成されたことである。通州事件の発生からちょうど二週間後の八月一二日、日本外事協会（The Foreign Affairs Association of Japan）から『通州で何が起きたのか』（原題は、What Happened at Tungchow?）と題したパンフレットが発行される。日本外事協会は、もともと東京に住む外国人ビジネスマンやジャーナリストに向けて、日本の情報をパンフレットにして発信することをおもな業務としていた。それが、三〇年代に入ると、日本外事協会は外務省情報部や内閣情報委員会と結びついて、日本のプロパガンダ政策に関わるようになったのだ。

　同書の目的は、英文で通州事件の経緯を詳述し、事件が保安隊によって引き起こされ、日本居留民に大きな被害が出たことを、現場写真や英訳された新聞記事を交えて訴えかけることにあった。また、奥付には同盟ニュース（同盟通信社発行）、東京朝日新聞、東京日日新聞、読売新聞の協力に感謝する一文があり、このことから、同書の作成にあたり、日本の通信社や主要中央紙も係わっていたことがわかる。

　同書に掲載された通州事件の現場写真は六枚で、そのうち三枚は読売新聞が提供した報道写真だったが、残りの三枚は出所が示されてなく、いつ誰が撮影したものかはわからない。その出所不明の写真のうち、最後の一枚は、空き地に仰向けに並べられた男性二人、女性一人と思われる遺体写真で、英文キャプションには、この遺体が「通州大虐殺の犠牲者」（"Victims of the Tungchow Massacre."）であると記されていた。これら写真は、どれも通州事件後の通州を写した軍の機密に係わる写真であり、陸軍の協力なしには利用できなかった。外務省情報部「支那事変ニ於ケル情報宣伝工作概

"Victims of the Tungchow Massacre"（通州大虐殺の犠牲者）と題して掲載された遺体写真
（The Foreign Affairs Association of Japan, What Happened at Tungchow?, Kenkyusha Press, 1937）

要」（「支語事変関係一件　輿論並新聞論調」所収）によると、パンフレットは一万部印刷され、おもに外務省の在外公使館を通して、各国に配布された。

以上、ふたつの反中プロパガンダは、前者が陸軍省新聞班による日本国内向けのものであったのに対し、後者は外務省情報部による国外向けのものだ。

これらプロパガンダは、はたしてどれほどの効果があったか。ふつう、報道写真は記事と一緒に新聞や雑誌に掲載されるため、報道写真だけでプロパガンダとしてどれだけの効果があったのかを実証することは難しい。

これまでの研究で明らかになったとおり、通州事件の新聞報道が日本人の中国膺懲熱を煽ったことから、報道写真を使った新聞班による国内向けの反中プロパガンダも、一定程度の効果があったと考えられる。

しかし、日本人のなかには、中国人の残虐さを強調する通州事件の報道を冷静な目で見ていた者も存在した。たとえば、女性運動家の神近市子《かみちかいちこ》は、八月七日、『読売新聞』朝刊に寄稿した「通州事件について」のなかで、通州事件で日本居留民が殺害されたことは悲憤に堪えないが、事件で助かった居留民のなかには中国人住民に救われたという「美談」がいくつもあり、

又支那市民の美談をきくと一服の涼味に心が洗はれて、失望するにはまだ早いとい
ふ気持ちを起させられるのである。

と、反中感情の高まる日本の世論に一石を投じた。

一方、外務省情報部による国外向けの反中プロパガンダはどうであったか。文化情報局『外国新聞記者北支・満洲国視察旅行報告書』によると、三八年三月、外務省文化情報局が日本在住の外国人記者を招いて行った「北支・満洲国視察旅行」で、通州を訪れた外国人記者らは、通州事件の現場を視察したあと、異口同音に日本側が

宣伝をより能率的に行ったなら、通州事変の一事をもってしても、世界に瀰漫する支那側製造の反日デマを覆がへすに充分であったらう。


と語った。

この発言は、外務省情報部による国外に向けた反中プロパガンダが、必ずしも成果をあげていなかったことを示唆している。

㈢ 慰霊としての通州事件

通州事件の報道がまだ世間を騒がせていた三七年八月九日、上海郊外で日本海軍特別陸戦隊の大山勇夫中尉が中国側保安隊に射殺された（大山事件）。これをきっかけに、一三日から上海市内で日中両軍が戦端を開くと、日中のプロパガンダ戦は華北から華中へと舞台を移す。

中国側の報道機関は、日本の手が及ばない租界から国内外に向けて日本の侵略を大きく報じ、国際世論を味方につける。一方、日本側は八月二〇日、新聞班員らを集めて上海派遣軍内に報道部を設置し、国内外の記者に戦況を報告したが、プロパガンダの面では中国に大きく後れをとった。

このような状況のなか、日本では、報道写真をとおして通州事件がどのように語られたか。これまでの報道写真と異なる点があったとしたら、それはどこか。

七月三〇日以降、連日のように新聞に取り上げられていた通州事件の報道写真は、大山事件を境に、いちじほとんど報じられなくなる。だが、通州事件の発生から一ヶ月近くくった八月下旬になると、紙面に事件のその後を写した報道写真が掲載されるようになった。『読売新聞』を例にとると、八月二四日朝刊に、通州事件で亡くなった警官とその家族計八人の遺骨が木箱に収められて運ばれていく様子が写真で報じられる。翌二五日の同紙朝刊には、警官らを弔うため、東京の築地本願寺で開かれた外務省主催の法要に参列した遺族の姿が掲載された。

雑誌ではどう報じられたか。大手各雑誌社は、七月一三日に日本政府から報道について協力するよう要請を受けると、作家を特派員として中国に派遣し、戦地の状況を取材させる。その作家のなかには、通州を訪れた者もいた。小説家の吉屋信子《よしやのぶこ》は、通州事件の発生からちょうど一ヶ月後の八月二九日、通州城内を取材し、「戦禍の北支現場を行く」（『主婦之友』第二一巻一〇号）と題するルポルタージュにまとめる。

記事には文章とともに、通州守備隊兵営内に建てられた戦死者の墓標の前で首を垂れる吉屋の姿や、北京日本大使館で開かれた通州事件の慰霊祭に彼女が参列している場面が写真で載せられたのだ。

このように、通州事件発生から一ヶ月後の報道写真は、事件直後と同じく読者の反中感情を煽るような内容のものがみられた。その一方で、新たに死者を悼む姿が写しだされるようになる。

さらに、時間を進めて報道写真の変化を見よう。通州事件の発生からまもなく一年を迎えようとした一九三八年七月七日、『東京朝日新聞』夕刊二面に、「悲劇の孤児も健やかに」というキャプションで、ブランコに乗る女児の姿が報じられる。彼女の父親は一九三七年八月三日の中央三紙で行方不明と報じられ、その後死亡が確認された通州の開業医鈴木郁太郎だ。

記事には

昨秋日本へ来た当時は「私悲しい父ちゃんも殺された、母ちゃんも殺された、紀ちやんも頭を割られて投げられた」と語つてお祖父さんをこまらせたものだつたが、このごろはもうすつかり忘れたか口にしないさうだ。

と、事件で負った女児の心の傷が時間とともに癒えていったことを伝えた。

そして、一九三八年七月三〇日、『読売新聞』夕刊二面に「揺らぐ香煙に涙新た」と題して、その前日に東京市内の寺院で開かれた通州事件一周年法要の様子と、鈴木の女児と一緒に手を合わせる殷汝耕の妻民慧の写真が掲載される。また、雑誌や書籍でも、通州に設置された日本居留民の犠牲者を弔う木製の慰霊碑や墓標を参拝に訪れた人々を捉えた写真が載った。

このように、通州事件の発生から一年後の報道写真には、これまであった残虐な内容のものは見られなくなり、その代わりに事件の傷みを乗り越えた遺族の様子や、慰霊の場面など事件の犠牲者を悼む姿が強調されるようになる。

だが、残虐な写真がなくても、読者は事件の犠牲者を悼む場面を報道写真で目にすることにより、事件直後に報じられた残虐な現場写真を思い出すことができた。通州事件の報道写

昭和十三年七月三十日　夕刊

搖らぐ香煙に涙新た

通州殉難者の一周年法要

可憐無心の遺兒參列

通州殉難者の大法要

現地の慰靈祭

軍民合同で營まる

服毒してから

強盜に早變り

頸締められた女屑屋

1938年7月29日に東京で開かれた通州事件一周年法要の模様を伝えた報道写真（『読売新聞』1938年7月30日夕刊）

真は、慰霊の現場を写すことで、事件後も国内向けの反中プロパガンダとして機能し続けたのだ。

コラム　その三　通州事件の歴史写真をめぐって

今、筆者の手もとに二枚の黒い厚紙の両面に貼られた八枚の古い写真がある。両方の厚紙の片面右上欄外には、白く筆書きで「昭和一二、七、一八　通洲事件」、片方の厚紙には、同じく白色で「昭和一二、一一、北支慰問」とそれぞれ記されている。一見すると、この八枚の写真は通州事件、および事件後の通州を慰問したときの様子を捉えた写真であると思ってしまう。

筆者がこれら写真を入手したのは、二〇一五年一一月六日、愛知県名古屋市で開かれた古書市だ。写真を販売していた古書店主によると、この写真はもともと古いアルバムに収められており、被写体を気持ち悪がった持ち主が、ページごと切り取って古書店に売ったのだろうという。前述のとおり、通州事件は日本側が反中プロパガンダとして利用したため、新聞や雑誌に事件に関する多くの写真が掲載される。しかし、事件が発生してから数日間、通州は日本軍によって立ち入りが制限されていたため、私的に事件現場の写真を撮影することは難しかった。そのため、この八枚の写真が本物であるなら、史料的価値はきわめて高い。

だが、改めて写真をよく観察してみると、ほとんどの写真が通州事件を写したものなのか判別できない。また、両方の厚紙に書かれている通州事件の日付も間違っていた。

これら写真のなかで、通州事件に関する写真であると断定できるのは、木製の慰霊碑が写った「北支慰問」の二枚だけだ。

あくまで、筆者の推測であるが、その二枚以外は、通州事件の現場を写したと称して事件後の通州で売られていた土産《みやげ》用の写真ではないか。通州に慰霊に訪れたアルバムの所有者が、自らが撮影した慰霊碑の写真とともに、その土産の写真をアルバムに貼り付けたのだろう。

日中戦争に関する歴史写真をめぐっては、その真偽をめぐって日中両国、または日本人同士であっても論争にまで発展することが少なくない。代表的な例のひとつが「南京大虐殺」に関する写真で、その論争は歴史認識問題として日中関係を悪化させるひとつの要因となっている。

通州事件も武器を持たない市民が殺害されたという点で「南京大虐殺」と共通していた。本書冒頭で言及したとおり、近年日本では、一部保守系団体が通州事件を巡って、これまでの歴史認識に疑問を投げかける議論を起こしている。そして、これを放置した場合、今後、「南京大虐殺」の場合と同じような論争になる可能性はある。そのときは、どこからともなく通州事件のものと謳った真偽不明の写真が出回るだろう。今後、私たちがそれに騙されないよう、不謹慎を承知のうえで、参考までにその八枚の写真を掲載する（被写体によっては気分を害するおそれがある。心臓の弱い方、体調のすぐれない方は見るのを遠慮されたい）。八枚のうち、「北支慰問」の二枚以外、通州事件の写真であると断定できるものがないことを確認していただきたい。

少しでも歴史的写真に怪しい部分があったら、これからは本物かどうか疑いながら見るよう願う。

右は男性の首が切り落とされている様子を見る群衆を写した一枚、左は日本人上等兵の墓。右写真が通州事件中のできごとかどうかは確認できない。また、通州事件で命を落とした日本側上等兵のなかに左写真の墓に刻まれた人物の名前はない。さらに、欄外の通州事件の起きた日にちが間違っている。

右は前掲の上等兵の墓。左は首を切り落とされた女性と思われる遺体。これら写真も通州事件を写したものかどうかは断定できない。

右は並べられた遺体とそれらを入れるために用意されたであろう棺桶。左は何人もの遺体を積んだトラック。前掲の写真と同じく、これらも通州事件を写した写真と断定できる部分はない。欄外の通州事件の日にちもやはり間違っている。

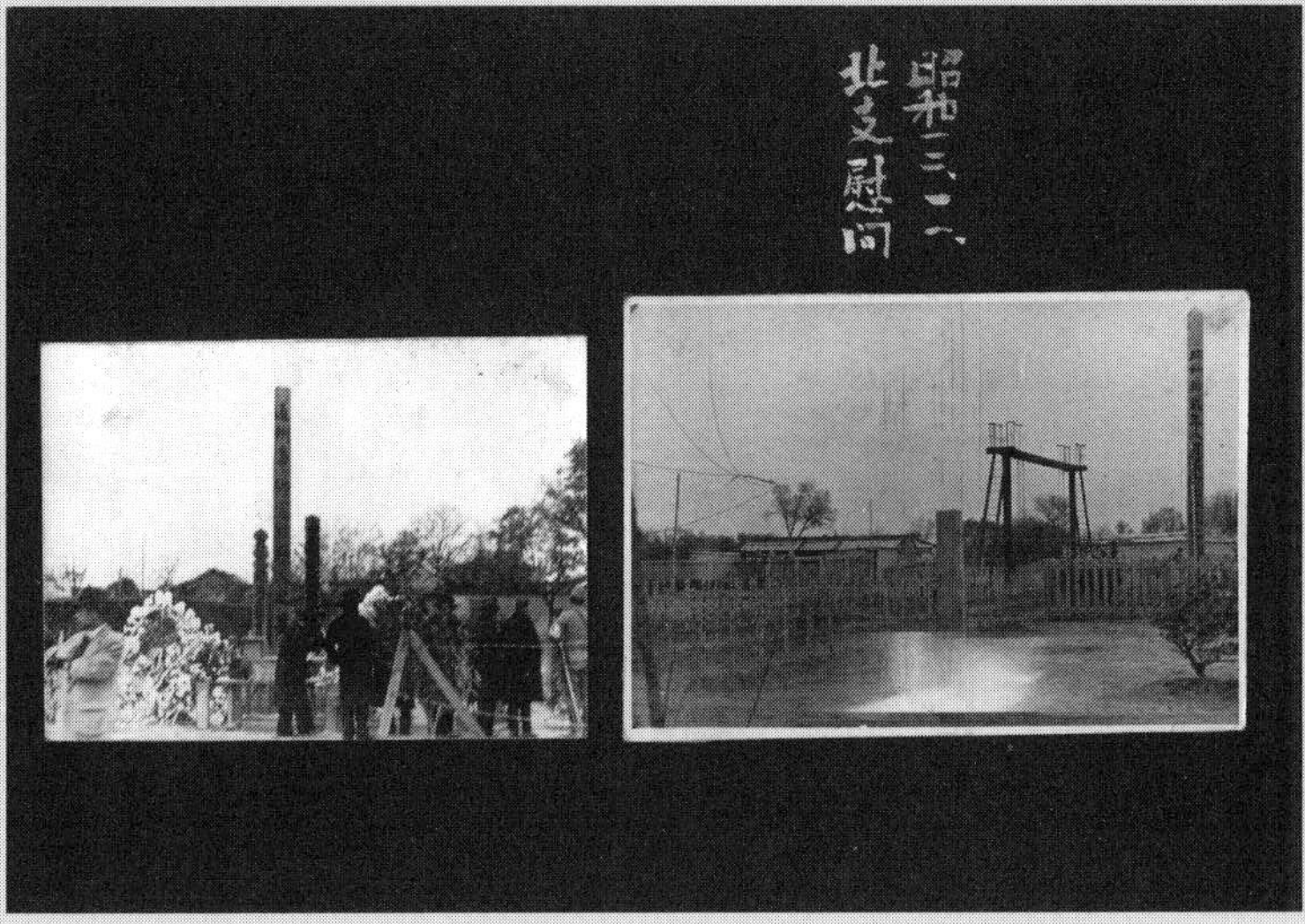

どちらの写真も通州に建てられた通州事件遭難者の慰霊碑が写っている。この切り取られたアルバム写真のなかで、この2枚のみ通州事件に関連する写真であると断定できる。

第四章　通州事件被害者家族の戦後

一、通州事件と戦後

通州事件の生存者や遺族が、事件発生直後より、日本のマスメディアに大々的に取り上げられ、結果的に日本の反中プロパガンダに利用されたことは前述した。そのような彼らは、戦後、通州事件の記憶とどう向き合ってきたか。彼らの人生に通州事件の体験がいかなる影響を与えたか。通州事件と戦後というこれまで注目されなかった問題について探りたい。

本章は、通州事件の生存者と遺族計五人（全員女性）へのインタビュー記事をもとに進める。五人のうち四人は筆者と新聞記者が直接インタビューし、残りひとりは、筆者が電子メールで問い合わせをし、新聞記者がインタビューをした。

インタビューに際しては、次のふたつを心がけた。まず、話し手である彼女らに、できるだけ当時の気持ちに戻って事件のことを振り返ってもらい、事実関係を中心に語るよう心がけてもらう。また、彼女らの発言を一方に誘導しないよう、インタビュアーの筆者と新聞記者は必要以上に質問しなかった。

なお、彼女らのインタビューの一部はすでに次のホームページ、ならびに新聞紙上で発表されている。

・広中一成「通州事件が遺した傷痕　被害者遺族Kさんが語る事件とその後八〇年」（「ジ

セダイ総研」、https://ji-sedai.jp/series/research/074.html、二〇一七年七月五日）
・「肉親を失った姉妹　ある中国人への思慕」（『東京新聞』、二〇一七年九月一〇日朝刊）
・「『通州事件』遺族の思い」（『東京新聞』、二〇一七年一二月三日朝刊）

以下、断りない限り、本章中では通州事件生存者と遺族をまとめて被害者と呼ぶ。

二、命の恩人の中国人女性を探して――両親と末妹を失った姉妹

㈠幼い頃から中国人と親しく接する

二〇一六年一二月、拙著『通州事件　日中戦争泥沼化への道』が刊行されると、筆者のもとに、通州事件で親族を亡くした遺族数人から連絡が届いた。彼らは、同書で自分の親族が命を失った経緯が記されていたのを見て、長く秘めていた自らの思いを打ち明ける決心をしたという。そのなかでも、櫛渕久子《くしぶちひさこ》（敬称略、以下同）は、いち早く筆者に手紙を寄せたひとりである。

筆者の彼女へのインタビューは、一七年六月一八日に行った。このとき、彼女は妹の鈴木節子も存命であることを明かす。鈴木は通州事件の現場に遭遇した生存者のひとりだ。筆者は鈴木にも同年八月二七日にインタビューを試みる。このインタビューは、同年九月一〇日の『東京新聞』朝刊に掲載された。二人はどのように通州事件を経験し、今日どのような思

いを抱いているのか。以下、櫛渕と鈴木の呼称は、特別な場合を除き、名のみとする。

櫛渕久子「れくいえむ⑥」（『月刊志賀』第二九二号、二〇一五年一二月）によると、久子の父、鈴木郁太郎は医師で、満洲事変後の一九三〇年代前半、一家で満洲に渡る。このとき、鈴木家には久子以外に、郁太郎の妻で久子の母の茂子、久子の妹節子がいた。郁太郎は一家を連れて、奉天省（現遼寧省）大石橋《だいせききょう》から吉林省樺甸《かでん》に移り住むと、そこに病院を開く。久子によると、当時、郁太郎は開業医のかたわら、現地の小学校の校医や関東軍の軍医なども兼務していた。

樺甸での生活を、久子は「肉親失った姉妹　ある中国人への思慕」で、次のように振り返る。

鈴木郁太郎（櫛渕久子所蔵）

そのころの生活は幸せな記憶に彩られている。患者は中国人が多く、父は募われていた。中国語は分からなかったが、現地の子どもたちと一緒にままごと遊びをし、日本に帰国する時には、泣きながら馬車を追い掛けてきた。だが、そこは「戦地」でもあった。ゲリラ兵との戦いで傷ついた日本兵が真夜中に運びこまれてきたこともあった。

茂子は病院で看護師として郁太郎を支える。医院には茂子以外に、何鳳岐《かほうき》という二〇代前半の中国人女性が助手として住み込みで働いていた。彼女は流暢な日本語を話し、仕事の手が休むと、診察で郁太郎夫婦に代わって久子らの面倒を見ていたのだ。

何は姉妹のしつけに厳しかった。久子によると、あるとき、食事で出たたくあんを食べ残したところ、何はそれを食べたあと自分の歯を見せ、「硬い物を食べないと歯が丈夫にならない」と言って諭したという。

このように、久子と節子姉妹は、日本人として生まれながらも、幼い頃から日々中国人と親しく接する生活を送っていた。常に中国を身近に感じながら幼少期を過ごした経験は、後に述べる通州事件への思いなど、後年まで続くふたりの中国観に大きな影響を与えたといえよう。

三五年、久子は日本の学校に通うため群馬県の母の実家に預けられた。一方、久子以外の郁太郎一家と何鳳岐は、三七年春、樺甸から通州へ移り住む。そして、郁太郎は通州城内の病院に勤務した。彼ら

鈴木茂子（左）と何鳳岐（櫛渕久子所蔵）
何は茂子の娘たちにも愛情を注いだ。

の通州での新しい生活が始まって時を置かず、通州事件が起こったのだ。

(二) 通州事件の発生

三七年九月三〇日、『読売新聞』夕刊に掲載された「〝お母ちゃんも妹も鉄砲で殺されたの〟満洲国人看護婦に只一人救はれ　通州悲劇の命日に孤児で帰京」には、保安隊に襲われた鈴木一家の様子が次のように報じられている。

鈴木一家が襲はれたのは廿九日朝十時ごろで、まづ一人の保安隊が鈴木一家及び入院患者塩満一男《しおみつかずお》（二五）君及び何鳳岐さんの六人が恐怖にふるへながら一ヶ所にかたまってゐた奥六畳の間に飛びこんで、金はあるかと現金二百円と時計を掠奪したところへ、さらに十数人の保安隊が乱入、掠奪の限りをつくしたのち、鈴木夫妻と紀子ちゃん及び塩満君を屋外へ拉致し去った。

節子ちゃんだけは何鳳岐さんが「妾《わたし》は支那人で、この子は妾の子供です」と身をもつてかばつたので危く難を逃れた。

保安隊に捕らえられた鈴木夫妻と生まれたばかりの末娘の紀子（久子と節子の妹）、患者の塩満は、通州城西南方の高粱畑まで連行されたうえ、殺害された。一方、生き残った節子と何鳳岐は、事件から約二〇日間、通州郊外で身を潜める。そして、八月一八日、北京で日本から迎えに来ていた節子の祖父と対面したのだ。節子が何鳳岐の手から祖父に引き渡された様子は、写真入りで報じられた。

この報道写真のほか、記事のタイトルにもあるように、通州事件での何鳳岐による節子救出の一幕は、「満洲国人」である彼女が、日本人の節子を救ったという美談とされたのである。

一命を取り留めた節子は、通州事件で両親を亡くした「悲劇の孤児」として、事件からおよそ一年後の三八年七月七日、『読売新聞』夕刊「悲劇の孤児も健やかに　幼稚園のブランコで遊ぶ節子ちゃん」で再びその姿が報じられる。さらに、東京芝増上《ぞうじょう》寺で開かれた通州事件遭難者の一周忌法要では、遺族のひとりとして節子が参列し、合掌して黙禱する様子が、七月三〇日『読売新聞』夕刊「揺らぐ香煙に涙新た　通州殉難者の一周年法要　可憐無心の遺児参列」に掲載された。このように、節子ならびに彼女を救った何鳳岐は、日本の戦争プロパガンダの道具のひとつにされたのである。

節子は、生存者のひとりとして、現在通州事件にいかなる思いを抱いているのか。前掲「肉親失った姉妹　ある中国人への思慕」によると、事件当時のことについて、節子は、「薄暗いようなところを歩き、薄暗いようなおうちに入って、何かもらったような」ということだけしか覚えていないという。命を救ってくれた何鳳岐についても、戦時中に何度か節子のもとに電話があり、祖父からも何はいずれ日本に来ると言い聞かされ、待ち続けた。

しかし、戦後になっても、何が現れなかったことから、節子は新聞で彼女の情報を呼びかけ、あるいは、日中友好団体を介してその所在を探し回る。だが結局、何を見つけ出すことができなかった。

節子は、インタビューで何について次のような胸中を語る。

本当に、助けてもらいました。母親と思うぐらいべったりでした。会えなかったことは残念ですが、死ぬまで思い続けると思います。

さらに、節子は、「中国人に対して憎しみなんてない。要するに戦争は駄目」と述べ、久子も「憎しみをあおり立てる愚かなことをもう二度としては駄目です。そうした行いが、もはや戦争の一部に違いないのですから」と、通州事件が中国人への憎しみを煽るプロパガンダに利用されたことを批判したのだった。

三、「名誉の戦死」を遂げた祖父

通州事件で犠牲となった日本居留民の遺体は、通州城内の警団幹部訓練所前の広場に集められ、そこにすべて埋葬された。一方、通州特務機関と通州領事館警察関係者の遺体は、それとは別に現地で火葬され、日本で待つ家族に遺骨が引き渡された。その様子も日本主要紙に写真入りで報じられ、反中プロパガンダに利用される。

そのなかでも、通州特務機関員の甲斐厚少佐の死は美談にされ、日本の主要紙や雑誌で大きく取り上げられた。

たとえば、富永謙太郎「死は覚悟の前」（『家の光』第一三巻第一〇号、三七年一〇月）では、甲斐が保安隊に殺害されたときのことが、絵入りで次のように語られている。

特務機関内で、事件発生を知った甲斐少佐は、上衣をかなぐり捨てて、日章旗を鉢巻にし、軍刀を手にして、押し寄せる敵軍を薙ぎ倒したが、如何せん、力尽き、つひに八畳の洋室で、軍刀を上段に構へたまゝ、乱撃を受けて打ち倒れた。

さらに、同書には甲斐の息子春作の作文「父の戦死」も掲載され、事件で父を失った気持ちが次のように綴られた。

電話のけたゝましいひゞきにお母様があわたゞしく出て話をしてゐたが、その声はなんだかにごつてゐた。あとでお話をうかゞふと、なんと残念なことだらう、ざんぎやくな支那兵とたゝかつて、お父様は名誉の戦死をなさつたさうだ。お母様の心はどんなにお悲しみになつたであらうか、顔にもあらはれてゐなかつた。妹も目に一ぱい涙をためてゐたが、とうとうほろりと涙をこぼした。僕もあつい涙がこみ上げて来た。せつかく少佐まで進級したのに、あの生意気な支那兵のためやられたのだ。兵をひきゐてゐないお父様も、さぞ残念であらうが、これも天命だ。

子どもの作文とはいえ、内容を見ると、父の死を「名誉の戦死」と表現し、残された肉親の無念さや、中国兵を口汚く罵って批判している点は、日本人読者の反中感情を刺激するようなプロパガンダの役割を果たしたといえる。

甲斐の孫にあたる嶽村《たけむら》久美子《くみこ》も、拙著『通州事件』刊行後、筆者と連絡を取り始めた通州事件被害者のひとりだ。『通州事件』遺族の思い」によると、熊本県にあった甲斐の実家には、軍服を着て白馬にまたがった甲斐の写真があり、家族の中では、彼が「立派な死を遂げた」と語られてきたという。

最近になり、嶽村は祖父の死の真相を知るため、甲斐の娘にあたる実母にそれを尋ねた。だが、母は何も語らない。その態度を見て、彼女は母が甲斐の死のことを

天皇陛下のために亡くなったとして、自分なりに解決して生きてきたのだろう。死後、特進で中佐になったことに影響されたのかもしれない。

と感じた。

嶽村は、近年の通州事件で中国人の残虐性を煽り立てる日本の保守系団体の言説に対し、

祖父は「肥後の甲斐ここにあり」と勇敢に叫びながら亡くなったというが、妻や子供のことを思って亡くなったのではないでしょうか。天皇の名の下に命を奪われ、今

度は中国たたきに利用されることは、祖父の死を踏みにじるものだと思います。

と、批難した。

四、保守派に「利用」された通州事件被害者

一五年一〇月一〇日、ユネスコ（UNESCO〔国連教育科学文化機関〕）は、「南京大虐殺」に関する一連の資料、いわゆる「南京大虐殺文書」を世界記憶遺産に登録した。

これに対し、日本の保守系団体のひとつ、新しい歴史教科書をつくる会（以下、つくる会）は、同年一二月一一日、馳浩《はせひろし》文部科学大臣宛の要望書を提出し、「南京大虐殺」の存在を否定する一方、次のように述べて、通州事件に関する資料を世界記憶遺産に登録申請するよう求めた。

近代において日本人が中国大陸と関わるようになってから、日本人はしばしば徒党を組んだ中国人の残虐行為の被害者だったのであり、この度通州事件を取り上げるのは、通州事件がそれら一連の事件の代表見本であるからに他なりません。

そして、つくる会は一六年五月二五日、「通州事件アーカイブズ設立基金」を創設し、通州

事件の関連資料の調査と研究を始めるとともに、世界記憶遺産登録を実現するための支援を呼びかけた。

その活動のひとつとして、つくる会は通州事件の発生から八〇年目にあたる一七年七月二九日、東京の靖国神社でおよそ三〇〇人を集めて「通州事件80周年　記憶と慰霊の国民集会」を開催した。集会には三人の通州事件被害者遺族が登壇し、事件にまつわるエピソードを語った。そのなかのひとりが加納満智子だ。彼女の母、浜口茂子は事件で保安隊に襲われたが、幸いに一命を取りとめる。このとき、彼女はまだ胎児として母の腹の中にいた。

茂子らはどのように襲われたのか。浜口茂子の手記「通州事件遭難記」（『通州事件の回顧』）によると、彼女は夫の浜口良二とともに、通州事件発生一ヶ月前の三七年六月二九日、満洲の奉天から通州城内西門近くにある安田公館に引っ越す。ふたりが通州に来た目的は、良二が満洲棉花協会から派遣されて、通州の綿花栽培の指導にあたるためだ。このとき、すでに茂子は妊娠六ヶ月を迎えていた。

通州事件が起きる三日前頃から、通州城外で不穏な噂が流れる。そのため、安田公館に綿花栽培に携わる日本人関係者が逃げ込んできた。

通州事件が発生すると、茂子ら安田公館内にいた一〇人は、護身用のピストルを携帯して応接間に立てこもる。このとき、良二は宿直のため通州城内東北の冀東政権政庁に出向いていた。

まもなく、保安隊が安田公館に押し入り、物陰に隠れていた茂子らに向けて銃を乱射する。

そのときの様子を手記では次のように語られた。

そうしている間も、がちゃがちゃと弾丸をこめる音が聞こえるので、私もいつたまがあたるかと、全く生きた心地はなく、身を伏せておりましたところ、突然背なかにこん棒をねじこまれたような衝撃を受け、そのとたんに腹の中から、なにかぐうっとこみあげてきましたからはき出しますと、おびただしい血へどでした。そして私もふうっとなって、その場に倒れてしまったのです。

茂子は右背部盲管銃創と右肺負傷の重傷を負ったものの、命は助かり、胎児も無傷で済んだ。なお、良二は冀東政権政庁で保安隊によって殺害される。事件後、彼女は天津と日本で療養し、同年一〇月二七日、娘の満智子を出産したのだった。

加納満智子は登壇した国民集会で、血痕が残った日記帳を公開する。これは父良二が通州事件で亡くなるときに所持していたもので、ページの一部は銃弾が当たって破損していた。なぜ、加納は通州事件の関係者として国民集会で発言しようとしたのか。『通州事件』遺族の思い」でその胸の内を語る。

そもそも、彼女は母の茂子から事件の話を聞いた記憶がないという。また、母の体内には銃弾の一部が残ったままだったが、その痛みを訴える姿も見たことがなかった。彼女は、母が戦後になっても事件の体験を話さなかったことについて、「生々しすぎて話せなかったのでしょう」と推測する。茂子にとって通州事件は、いくら時間が過ぎても口にできないほど衝撃的なできごとだったのだ。

母の胸の内を感じ取った彼女は、後に新しく家庭を築いてからも通州事件のことが頭を離れず、新聞を読んでも「通州事件」の文字を探してしまう。事件を知る人も少なく、寂しい思いをしてきた。

そのとき目にしたのが、通州事件を世界記憶遺産に登録申請するという新聞記事だった。彼女はつくる会に連絡をとり、国民集会に登壇する機会を与えられる。

筆者が加納にインタビューをしたのが、国民集会終了後の一七年一一月のことだ。国民集会の様子について質問した筆者に対し、彼女は、「遺体の状況など事件の残虐性を強調する雰囲気に違和感を覚えた」と、不満を露わにした。そして、通州事件についての率直な思いを次のように述べた。

満洲に渡った当事者たちは純粋な気持ちだったと思うが、結果的には中国を侵略したことになる。純粋な気持ちが純粋なまま受け取られたか、というと違ったかもしれない。私は事実を事実としてだけ知ってもらいたい。それ以上でも、それ以下でもないんです。

加納は、通州事件に関心を持つ多くの人々の前で、ただ率直な思いを伝えたかった。だが、集会の目的は彼女のそれを裏切るものだったのだ。戦前と同じく、戦後になっても通州事件被害者は、反中プロパガンダの道具に使われる悲劇を味わわされる。

五、通州事件被害者の証言をどう活かすか

加納の例のように、通州事件被害者の体験談が、反中プロパガンダに利用されたことは、すでに以前からあった。

しらべかんが（調覚雅）『天皇さまが泣いてござった』には、通州事件に遭遇した佐々木テンという女性の証言が収録されている。なお、藤岡信勝は、同書の通州事件に関する部分だけを抜き出し、『通州事件　目撃者の証言』（自由社刊）としてまとめている。

調は、佐賀県基山町の浄土真宗本願寺派因通寺の住職だ。彼によると、大分県にある西本願寺別府別院で講話を担当した際、聴講をしていた佐々木と知り合い、通州事件の体験談を耳にしたという。佐々木は大分県生まれ。二〇代半ば、中国から大阪に商売で来ていた沈《ちん》という男性と親しくなり、三二年二月に結婚した。その翌月、彼女は夫の帰国にともない、一緒に中国天津に渡る。そして、三四年初め、ふたりは商売を営むため、通州城内に転居した。

通州事件が起きたとき、彼女は夫と通州の自宅で就寝中だった。ふたりは事件の物音で目

を覚ますと、少しの荷物を抱えて外へ飛び出す。しかし、城内で日本人が殺害されているとの知らせが広がると、佐々木は夫に抱えられて家屋の物陰に身を隠し難を逃れた。

それからまもなくして、彼女は中国人に扮して通州城内を巡り、日本人が保安隊に惨殺されている場面をいくつも目撃する。そのせいで、通州事件で中国人に嫌悪感を抱くようになり、四〇年、沈と離婚して日本に帰国した。

調は、通州事件を経験した佐々木の証言を取り上げた意義を次のように述べている。

　今回この通州事件の残虐行為を見ると、やはり支那人の持つ残虐性というものを極めて明白に知らしめられるのです。（広中中略）日本人にはこうした死んだ人に対して残虐行為を行うということは習慣上あり得ないのです。よく南京事件のことどもが問題になり、日本人兵が支那人三十万人を殺戮したというように言われておりますが、このことは全くのデッチ上げであり、妄説であります。

また、藤岡も『通州事件　目撃者の証言』のなかで、日中戦争での日本兵の殺人行為を描いた漫画『はだしのゲン』を引き合いに出し、次のように論じた。

　この漫画に描かれていること、とりわけ下二つのコマで描かれている、妊婦の腹を切りさいて中の赤ん坊を引っ張り出すこと、女性の性器を銃剣で突き刺したり、異物を突っ込んだりすることは、通州事件で支那人が日本人に対してやったことなのであり、それだけでなく、済南事件などでも行われ、中国人の猟奇的性格を示す、有名な悪行の一つとなっているのです。

このように、調と藤岡は、通州事件をとおして、中国人がいかに残虐性を持った民族であるか証明しようとしている。たしかに、佐々木らの証言で明らかにされた保安隊による日本人殺害の様子は、気分を害しかねないほど残虐だ。

だが、その行為が残虐かどうかは、人それぞれで判断が分かれる。どこまでが残虐で、どこまでが残虐でないのか。通州事件だけですべての中国人が残虐といえるのか。これら結論が導き出せない主観的問題は、実証史学にはそぐわない。調と藤岡の主張は歴史的でなく政治的であり、通州事件が起きた際に、日本のメディアが盛んに喧伝した反中プロパガンダと何ら変わらない。

それでは、彼らが取り上げた佐々木の証言は、資料的価値がないかといえば、決してそうではない。ここでは実証史学の観点から、差し当たり、なぜ通州事件が発生したのかという問題を、彼女の証言をとおして検討する。

前掲『天皇さまが泣いてござった』によると、彼女が夫の沈と通州に移り住んだ当初、沈さんが言っていたとおり、この通州には日本人が沢山住んでいるし、支那人も日本人に対して大変親切だったのです。

として、日本人であっても安心して生活をすることができたと語った。

しかし、冀東政権成立後の三六年春頃になると、その通州の様子が次のように変化する。

佐々木は言う。

そのうちあれだけ親日的であった通州という町全体の雰囲気がだんだん変わって来たのです。何か日本に対し又日本人に対してひんやりしたものを感じるようになってまいりました。

彼女は、通州がそのような状況になった理由について、はっきりとはわからなかったが、

只朝鮮人の人達が盛んに日本の悪口や、日本人の悪口を支那の人達に言いふらしているのです。

と、朝鮮人の反日感情に原因があったと推測した。

さらに、

最初の頃は支那人達も朝鮮人達の言うことをあまり聞きませんでしたが、何回も何回も朝鮮人がこんなことを繰り返して言うと、支那人達の表情の中にも何か険しいものが流れるようになってまいりました。特に保安隊の軍人さん達がこの朝鮮人と同じ意味のことを言うようになってまいりますと、もう町の表情がすっかり変わってしまったように思えるようになりました。

と、保安隊にもその反日感情が広がっていったと述べた。

なぜ、このとき通州でそのような状況の変化が起きたのか。小林元裕『近代中国の日本居留民と阿片』によると、三〇年代前半から半ばの朝鮮人を含む北平の日本居留民の人口推移をみると、三〇年は一五七六人だった。しかし、塘沽停戦協定が成立した三三年から増加し、三五年には二三三九人までになる。さらに、翌三六年には人口が前年の二倍近くの四四七八人にまで急増した。特に、朝鮮人の総数は、三〇年は三二九人だったが、三六年になると、二五九三人と約八倍にまで増えたのである。

通州は、北京から東に三〇キロメートルのところだ。日本居留民の置かれた状況は、北京のそれとあまり変わらないだろう。佐々木が通州の様子が変わったと感じた時期は、北京周辺に多くの朝鮮人が現れたときと一致する。

なぜこのような状況になったのか。小林によると、理由のひとつは、三五年に日本軍が行った華北分離工作だ。この謀略の結果、同年末、通州に冀東政権が成立する。

三五年六月、支那駐屯軍と国民政府側との間で「梅津・何応欽協定」が成立した。そして、協定にもとづき、河北省から国民革命軍部隊と中国国民党の関連機関が排除される。これにより、北京周辺に政治的空白が生まれると、満洲や朝鮮から日本居留民が華北方面に押し寄せた。その多くが、一攫千金を夢見たり、賭博や麻薬販売に携わったりした朝鮮人だったのである。

もうひとつの理由は、冀東政権が実施した冀東密貿易（冀東特殊貿易）だ。冀東密貿易とは、冀東政権の主力政策のひとつで、渤海沿岸で操業していた密貿易業者から低率の輸入税を徴収し、密貿易品を中国国内に横流しした。密貿易品の多くは日本製品だ。そのため、当時日本製品に高関税をかけていた国民政府は、冀東密貿易で経済的打撃を受けたのである。この密貿易業者の主体は、日本人と朝鮮人だった。そこから小林は、

　一九三五年から三六年の朝鮮人の大幅な人口増加は、日本人と同様に冀東密貿易従事者の流入によるものと考えて間違いないだろう。

と結論づけている。

日本居留民として朝鮮人が大挙して北京周辺に流入したことにより、通州では日本人と朝鮮人の間に軋轢が生じた。そのため、佐々木が証言したように、朝鮮人のなかで反日感情が高まったのではないか。そして、それが通州事件発生の遠因のひとつとなったのではないか

と考えられる。

このように、反中プロパガンダに使われた佐々木の証言も、関連研究を踏まえて丹念にたどることで、資料的価値を見出すことができるのである。

コラム　その四　恨みは深し通州城　通州事件とレコード文化

特別寄稿　辻田真佐憲（評論家・近現代研究者。略歴は一八九ページ掲載）

恨みは深し通州城

昭和の日本はさながら軍歌量産装置のようであった。もちろん戦前戦中に限った話だが、ひとたび流血事が起こると、たいていレコード会社や新聞社、日本放送協会が発起・結託し、そこに陸海軍をはじめとする公的機関が相乗りし、文学者や音楽家が寄り添い、さらには歌詞・楽譜の懸賞公募を通じて市井のひとびとも加わって、あまたの軍歌レコードが作り出された。これら軍歌製造にいたる一連の動きを「メディア・イベント」と呼ぶのは、言い得て妙であろう。〈1〉

本欄は、一九三七年七月二十九日に発生した、通州事件にかんする歌について検討することを目的としているが、そのまえに、そこにいたるまでの軍歌をめぐる状況を概観しておきたい。というのも、事件が起きるたびにあまたの軍歌が製造される「当時の常識」を具体的に把握してはじめて、通州事件の歌があれほど多く作られた文脈もまた把握できるからである。

では、さっそく歴史をさかのぼろう。時局的な軍歌レコードが陸続と発表されはじめたのは、一九三一年のことである。中村大尉事件（一九三一年六月）と万宝山事件（同年七月）を受けて作られた、「噫《ああ》中村大尉」（伊藤松雄作詞、永井巴作曲）と「満蒙節《まんもうぶし》」（伊藤松雄作詞、草笛道朗作曲）は、その先駆的な事例だろう。[2]

しかし、この年の軍歌といえばやはり満洲事変（同年九月）関係をあげなければならない。一戦ごとに軍歌が作られ、あたかも戦況報告の様相を呈した。

柳条湖事件では、「北大営《ほくだいえい》」（川上清作詞、陸軍戸山学校軍楽隊作曲）。長春南方郊外の南嶺の戦いでは、「噫南嶺」（村上巌男作詞、陸軍戸山学校軍楽隊作曲）、「噫倉本大尉」（町田敬二作詞、江口夜詩作曲）。チチハルへの追撃戦では、「山田一等兵」（西条八十作詞、中山晋平作曲）。錦西の戦いでは、「噫！　古賀連隊」（佐藤惣之助作詞、陸軍戸山学校軍楽隊作曲）、「噫軍神古賀連隊長」（英はじめ作詞、服部良一作曲）、「古賀連隊長」（佐佐木信綱作詞、岡野貞一作曲）。

これらの軍歌は、作詞・作曲者に軍人が多く、題名もあまり工夫がみられない。

そのいっぽう、満洲事変の最中に起きた上海事変（一九三二年一月）では、上海北郊の廟行《びょうこう》鎮《ちん》で戦死した「爆弾三勇士」の軍国美談が生まれた。これを受けて作られた軍歌はじつに多い。

「爆弾三勇士の歌」（与謝野鉄幹作詞、辻順治作曲）、「肉弾三勇士の歌」（中野力作詞、山田耕筰作曲）、「肉弾三勇士の歌」（村松又一作詞、近藤十九二作曲）、「肉弾三勇士」（長田幹彦作詞、中山晋平作曲）、「肉弾三勇士」（山腰滋信作詞、弘田竜太郎作曲）、「廟行鎮決死隊の歌」（佐伯孝夫作詞、橋本国彦作曲）など数十曲に及ぶ。とくに朝毎二紙が歌詞を懸賞公募した「肉弾三勇士の歌」と「爆弾三勇士の歌」には数万の応募があり、支那事変後猖獗をきわめる懸賞公募の軍歌に与えた影

響はたいへん大きかった。〈3〉

上海事変では、ほかにも戦死した軍人を顕彰する歌があり、「林連隊長」（土井晩翠作詞、辻順治作曲）、小谷進海軍大尉に言及した「空中艦隊の歌」（長田幹彦作詞、中山晋平作曲）などがそれに当たる。また捕虜となったことを恥じて自決した空閑昇《くがのぼる》陸軍少佐を讃える「空閑少佐」（与謝野鉄幹作詞、陸軍戸山学校軍楽隊作曲）、「空閑少佐」（内田良平作詞、大村能章作曲）、「噫！ 空閑少佐」（今村嘉吉作詞、陸軍戸山学校軍楽隊作曲）といった歌も作られた。

この後、満洲国建国（一九三二年三月）、五・一五事件（同年五月）、国際連盟脱退（一九三三年三月）、満洲国帝政移行（一九三四年三月）、ハルビン匪賊《ひぞく》事件（一九三四年八月）などを受けてさまざまな時局歌が作られたものの、本格的な武力衝突はなかったため、軍歌は概して低調であった。

いくつか事例を挙げておこう。「満洲興国の歌」（北原白秋作詞、山田耕筰作曲）、「昭和維新行進曲　陸軍の歌」（畑中正澄作詞、坂東政一作曲）「同　海軍の歌」（畑中正澄作詞、黒田進作曲）〈4〉、「連盟よさらば」（東京朝日新聞「今日の問題」子作詞、江口夜詩作曲）、「満洲国皇帝陛下奉迎歌《ほうげいか》」（町田敬二作詞、石塚寛作曲）、「義人村上　日本人は此処に在り」（佐藤惣之助作詞、古関裕而作曲）。

そのようなか、五・一五事件の実行犯を賞賛する内容のレコード（先述の「昭和維新行進曲」）などに刺激されて出版法が改正され、一九三四年八月より、内務省警保局図書課によるレコードの検閲が開始された。その後、一九三六年には大ヒット曲「忘れちゃいやョ」（最上洋作詞、細田義勝作曲）が風俗を乱すとして治安警察法にもとづき遡及的に処分されるなど、流行歌にたいする取り締まりが強化されていった。[5] また同年には、支那事変下でいくつもの軍歌を発信する、日本放送協会のラジオ番組「国民歌謡」もはじまっている。このように、軍歌の停滞期にあっても、きたる官民一体の軍歌量産時代への布石が打たれていたのである。

そして盧溝橋事件（一九三七年七月七日）。

ついに、大東亜戦争の敗戦にいたるまで、とめどなく軍歌が吐き出される時代がやってきた。

通州事件が起きたのは、同月二十九日のこと。当時、通州には親日政権である冀東防共自治政府の首都が置かれ、塘沽停戦協定で設定された非武装地帯を統治していた。事件は、その冀東政府の保安隊が叛乱を起こし、日本軍及び日本人居留民を襲撃して、二二五人を殺害したというものである。とくにその民間人虐殺の様は凄惨を極めたと報道され、日本の国論をして「暴支膺懲」で一致させるのに貢献したという。[6]

盧溝橋事件や廊坊（郎坊）事件（同月二十五日）についても、「爆発点・盧溝橋」（大木惇夫作詞、飯田信夫作曲）や「暁の郎坊」（白鳥省吾作詞、池内友次郎作曲）[7]、「郎坊に散る華」（福田正夫作詞、佐藤長助作曲）[8]といった軍歌が作られたが、支那事変最初期の時局歌としては、通州事件に関する歌が一段と多い。これは当時の激越な報道とも無縁ではない。

具体的には、つぎのような「通州の歌」が確認できる。「恨みは深し通州城」（佐藤惣之助作詞、古賀政男作曲）、「通州」（堀内敬三作詞、作曲）[9]、「通州の丘」（藤田まさと作詞、長津義司作曲）[10]、「通州紅涙賦」（門叶三千男作詞、佐々木俊一作曲）、「あゝ通州」（神長瞭月作詞、作曲）、「あゝ通州」

（塚本篤夫作詞、松井秋峰作曲）、「涙の通州城」（松本一晴作詞、南良介作曲）〈11〉。以下では、詳細を確認できた「恨みは深し通州城」「通州」「通州の丘」の三曲を中心に見ていきたい。

「恨みは深し通州城」はテイチクレコードより発売。裏面は、北平南郊の南苑の戦い（同月二十八日）を主題にした「殉血爆弾二将校」（佐藤惣之助作詞、古賀政男作曲）という、明らかに「爆弾三勇士」を意識した題名の軍歌だった。

作曲の古賀《こが》政男《まさお》は、「古賀メロディー」で一世を風靡した昭和の大音楽家。一九三四年、コロムビアから当時マイナーレーベルだったテイチクに移籍し、そこで「緑の地平線」「あゝそれなのに」「東京ラプソディ」「男の純情」「女の階級」「人生の並木路」「青い背広で」などのヒット曲をつぎつぎに当てて、テイチクの黄金時代を築いた。ただ、盧溝橋事件ののちはレコード制作現場にも軍国主義が持ち込まれたといい、自伝で「戦意高揚の軍国調のものを出せと指示するのだ。冗談ではない。そんな歌を大衆が歌うものかと思いながら、従わざるをえなくなった。」〈12〉と回想している。

結局、人間関係のトラブルや経営方針との対立もあって、古賀は一九三八年にテイチクを退社した。したがって、「恨みは深し通州城」はテイチク時代の最後期に、心ならずも手がけた「古賀メロディー」ということになる。もっとも、古賀はテイチク時代だけでも十数曲の軍歌を作曲しているし、また米国への音楽親善大使を経て、一九三九年に帰朝してからは古巣コロムビアで無数の軍歌を世に送り出しているため、かれの「平和主義」を額面通り受け取っていいかどうかは慎重な取り扱いを要する。

作詞の佐藤惣之助《さとうそうのすけ》は元来詩人として世に出たものの、現在では阪神タイガースの応援歌「六甲おろし」の作詞家としてよく知られる。ちなみに、古賀がテイチクで最後に手がけた「人生劇場」も作詞は佐藤だった。

佐藤自身は歌謡曲の作詞に自覚的だったといい、「歌謡は詩ではなく、卑俗な音楽的文句でしかないといふことになつたが、これは非常な間違ひ」「この頃僕が矢鱈に歌謡的なものを書くのは、相当に故あつてのこと」だと述べている。〈13〉いっぽう、彼が歌謡曲に手を染めたのは経済的な事情によるとの証言もある。〈14〉いずれにせよ、軍歌の作詞も非常に多く、既述の「噫！古賀連隊」や「義人《ぎじん》村上　日本人は此処に在り」のほか、「続露営の歌」（古関裕而作曲）、「燃ゆる大空」（山田耕筰作曲）などに筆を揮った。

題名の「恨みは深し通州城」はちょうど七五調ということもあって、当時の新聞にも「恨み深し！　通州暴虐の全貌」（『東京朝日新聞』八月四日）、「怨みは深し通州城」（『読売新聞』八月四日）と類似の表現が頻出しており、佐藤の創作ではない。後述する「通州紅涙賦」「あゝ通州」の歌詞にも同じ文言がそのまま出てくる。

歌詞は通州事件の惨劇を回顧し、「賊か鬼畜か叛逆の血潮に狂ふ保安隊」〈15〉と保安隊を批判するのみで「暴支膺懲」のような歌詞は見られない。なお、佐藤は一九三八年に「ペン部隊」の一員として大陸に渡り、武漢攻略戦に従軍した。

「通州」の作者、堀内敬三《ほりうちけいぞう》は『明治回顧　軍歌唱歌名曲選』（京文社、一九三二年）、『ヂンタ以来』（アオイ書房、一九三四年）、『音楽五十年史』（鱒書房、一九四二年）、『日本の軍歌』（日本音楽雑誌、一九四四年）と軍歌に関する書物を数多く編著し、とくに明治期の軍歌についてはかれのお陰で制作の経緯がいまに残っているといっても過言ではない、いわば軍歌界の一大功労者である。自身も多くの軍歌を手がけ、作詞、作曲、解説と八面六臂《はちめんろっぴ》の活躍を見せた。米国ミシガン大学卒業、マサチューセッツ工科大学大学院修士課程修了という異色の経歴を持つ音楽家としても知られる。

「通州」は、日本放送協会業務局の委嘱により制作され、事件直後の八月中東京中央放送局より放送された。翌九月発行の、『放送軍歌』（日本放送協会がラジオ放送した軍歌をまとめた楽譜集）の第一輯にも早速この曲が収録されている。感情的になりがちな通州にかんする歌の中ではもっとも内容が叙事的で、全七番の歌詞のなかで事件が詳しく語られる。

たとえば、「平津の野に敗れたる二十九軍の残兵」と、先立つ平津地方掃蕩戦に敗退した国民革命軍第二十九軍の残兵に触れ、また「特務機関や守備隊や全員こぞり戦へど」[16]と、日本の「支那駐屯軍通州守備隊」や「通州特務機関」をも歌い込んでいる。これは堀内の、「内容に具体性乏しき場合はその感激は稀薄なるを免れず」「しかるに「橘中佐」（遼陽城頭夜は闌けて）は戦況の描写正確綿密なるがため日露戦役遼陽附近の戦闘に関し充分なる知識を有せざる者にも感激を与ふる所多し」といった考えに基づくものだろう。[17]そんな堀内も、歌詞の最後ではつぎのように「暴支膺懲」を叫ぶ。「信なく義なく涙なき、暴虐の徒を砕き去れ」。

「通州の丘」は、ポリドール文芸部制作部長、藤田まさとの作詞。藤田はポリドールの幹部を勤めるかたわら、積極的に作詞も行った。藤田は昭和一二年の夏から冬にかけて先述の「ペン部隊」とは別に大陸に渡り、現地からさまざまな詩を発表した。これらの作品は『征旅の人々』（岡倉書房、一九四〇年）の第一部に収録されている。

「通州の丘」はその一篇で、事件後の通州を訪ねて書かれたものであった。歌詞の前には、藤田が通州を尋ねた際の感慨が述べられている。「夕陽を浴びて、通州の丘に立つ。涙が止めどもなく流れおちる。尊い犠牲となつて此処に眠る、同胞二百有余の、もの言はぬ墓標に対して、私たちはいま何ひと言が言へようか。（後略）」。歌詞も、「今、通州の丘の上／秋たち初めし今日この日／涙あらたにわれも泣く」と、藤田の視点から通州事件を回顧したものとなっている。

レコードはもちろんポリドールからの発売だが、作曲は同社専属の長津義司が行った。長津は法政大学の出身、一九四〇年にはテイチクに移籍して同社の専属となった。ポリドール時代、テイチク時代ともに作曲した軍歌がある。

以上を除く通州事件の歌は情報が僅少のため、簡単に触れるに留める。「通州紅涙賦」はビクターより発売。歌詞には「元寇のその昔／伝へ聞くだに身もよだつ／残虐今や目の当たり」〈18〉とあり、通州事件が元寇と並べて語られているのが印象的。歌詞は全体的に事件の残虐と悲惨を述べることに終始し、堀内詞のような叙事性はない。作曲の佐々木俊一は、東洋音楽学校を中退後、ビクターに入社。同社の専属作曲家としてヒット曲を飛ばした。「大航空の歌」（西条八十作詞）、「特幹の歌」（清水かつら作詞）といった軍歌の作曲も多い。

「あゝ通州」〈19〉は演歌師、神長瞭月の作詞、作曲。吹き込みも神長が行った。同じ題の「あゝ通州」（塚本篤夫作詞、松井秋峰作曲）は、歌詞が「通州紅涙賦」に似ており、事件の描写が中心。「恨みは深し通州城」と締めくくるのも同様である。作詞者の塚本篤夫は民謡詩人で、鳥取春陽作曲「思ひ直して頂戴な」の作詞で知られる。[20]

「涙の通州城」は残念ながら詳細はわからなかった。

通州ではそれ以外に、作曲はされていないものの、西条《さいじょう》八十《やそ》による散文詩「通州の暴虐忘るな　七月廿九日！」が存在する。虐殺描写が詳細を極め、「おお！　西欧に聞くバルトロメオの虐殺にも優る」と総括し、「『仇に報ゆるに愛をもつてせよ』と説く／聖書のかの一頁を閉じよ」と訴え、「正々堂々の膺懲」を全うせよと絶叫する。[21]西条は軍歌の作詞では筆頭格の名手であったので、ここに散文詩ながら挙げておく。

それでは最後に、通州事件にかんする歌を概観しておこう。果たしてこれらの歌は軍歌史の中でどのように位置づけられるだろうか。

筆者の考えでは、無数にある時局歌のひとつとして費消されたと解するのが妥当だろうと思われる。もともと好んで聴かれるような内容ではなく、また実際愛唱されたという記録もない。たしかに、ひとつの事件にかんする歌としてはやや量が多い。ただ、支那事変が本格化すると、一都市が陥ちるたびに、また一会戦が戦われるたびに、つぎつぎに信じがたい量の軍歌が作られるようになるのである。ここでその事例を挙げ尽くすことはできないが、一例として南京陥落関係の歌を確認してみよう。

「南京陥落を祝ふ歌」（松島慶三作詞、海軍軍楽隊作曲）、「南京だより」（佐藤惣之助作詞、山田栄一

作曲）、「南京陥落大勝利」（佐伯孝夫作詞、飯田信夫作曲）、「感激の南京入城」（佐伯孝夫作詞、辻順治作曲）「南京陥落」（久保田宵二作詞、古関裕而作曲）、「南京陥落」（川路柳虹作詞、池譲作曲）、「南京攻略」（堀内敬三作詞、陸軍戸山学校軍楽隊作曲）など。

また南京陥落までの、いわゆる「渡洋爆撃」関係の歌も多く、「南京爆撃隊」（藤田まさと作詞、阿部武雄作曲）、「南京空襲賦」（高橋俊策作詞、海軍軍楽隊作曲）、「南京空爆」（川路柳虹作詞、弘田竜太郎作曲）、「荒鷲の歌」（東辰三作詞、作曲）、「僚機よさらば」（奥野椰子夫作詞、佐々木俊一作曲）、「あゝ梅林中尉」（西条八十作詞、江口夜詩作曲）、「空軍の花」（相馬御風作詞、高木東六作曲）、「海を渡る荒鷲」（勝承夫作詞、海軍軍楽隊作曲）などがあった。

通州事件は相対的に刺激的な事件であったので多くの関連曲が作られたが、より刺激的な南京陥落や渡洋爆撃のような事態が発生するとたちまち忘れ去られて、ほかの時局歌と同様に後景に退いてしまったといえる。通州事件が支那事変に「暴支膺懲」の大義名分を与えて燃料を焼《く》べたように、通州事件の歌はきたる軍歌大増産時代に向けて音楽界にエンジンを駆けたといったところが精々だろう。一九三七年、前線と銃後の圧倒的な支持を受けて大流行した「露営の歌」や、内閣情報部の主導で華々しく発表された「愛国行進曲」などの有名曲の陰に隠れて消えていったあまたの時局歌のひとつ。通州事件の歌は、概してこのような評価の枠を抜けるものではあるまい。

〈1〉津金澤聰廣「メディア・イベントとしての軍歌・軍国歌謡」『戦争と軍隊』岩波書店、一九九九年、七三〜九二頁。実際は、公的機関の関与の度合、公募の範囲（歌詞のみとするか歌詞と楽譜両方にするか）等、時期によって差異が見られる。

〈2〉以下、特に註記のない限り、軍歌の情報については次の文献を順次参照した。㈠昭和館（監修）『SPレコード60000曲総目録』アテネ書房、二〇〇三年。㈡堀内敬三「定本　日本の軍歌』実業之日本社、一九六九年。㈢「国会図書館デジタル化資料」（http://dl.ndl.go.jp/）。⑷井田滲三「レコードに現はれた満洲 ⑵」『満蒙』第一四年第二号、一九三三年、一三八〜一五〇頁。

〈3〉倉田喜弘『日本レコード文化史』（岩波書店、二〇〇六年、二〇五頁）によれば、東京日日・大阪毎日新聞の公募した「爆弾三勇士の歌」には応募が八万四千百七十七通、東京朝日・大阪朝日新聞が公募した「肉弾三勇士の歌」には応募が十二万四千五百六十一通の応募があったという。

〈4〉「ツルレコード　特283」株式会社アサヒ蓄音機商会、一九九三年。倉田（二〇〇六年）、二一六頁には「陸軍の歌」を「作歌・作曲坂東政一」とあるが、ツルレコードの歌詞カードには「畑中正澄作歌、坂東政一作曲」となっていたため、後者に従った。

〈5〉倉田（二〇〇六年）、二一六頁〜二二一頁。レコード検閲の実態については、以下の論文も参照。Nagahara Hiromu. "Unpopular Music: The Politics of Mass Culture in Modern Japan." Harvard University, 2011.

〈6〉事件の詳細は以下の参照。広中一成「通州事件の住民問題　日本居留民保護と中国人救済」『日中戦争再論』（『軍事史学』第四十三巻三・四合併号）錦正社、二〇〇八年、一二〇〜一三八頁。

〈7〉以上二曲、『放送軍歌　第一輯』日本放送協会、一九三七年。

〈8〉『キングレコード　日本テレフンケンレコード　昭和十二年十月号』大日本雄弁会講談社、一九三七年、二頁。

〈9〉『放送軍歌』（一九三七年）。

〈10〉作曲者の情報については、「昭和歌謡大全」（http://www005.upp.so-net.ne.jp/tsukakoshi/kayoudaizenn/

kayoudaizenn.html）参照。

〈11〉「あゝ通州」二曲、「涙の通州城」については、「昭和歌謡大全」より。

〈12〉古賀政男『歌はわが友わが心』日本図書センター、一九九九年、一一一頁。

〈13〉「最近歌謡談義」『佐藤惣之助全集　随筆篇』櫻井書店、一九四八年、二五五〜二六一頁。

〈14〉今西英造『演歌に生きた男たち　その栄光と挫折の時代』中央公論新社、二〇〇一年、二二九頁。

〈15〉佐藤惣之助『愛国詩集』むらさき出版部、一九三九年、一一七〜一一九頁。

〈16〉堀内敬三『中支戦線軍歌集』（非売品）一九三八年、七三頁。

〈17〉右同、五頁。

〈18〉歌詞は国会図書館所蔵の「歴史的音源」より聴き取った。

〈19〉神長瞭月は、流行歌「ハイカラ節」の作者でもある。この曲は、後に北朝鮮の革命歌謡「遊撃隊行進曲」に替え歌されたことでも知られる。

〈20〉今西（二〇〇一年）、二四七〜二四八頁。

〈21〉西条八十『戦火にうたふ』日本書店、一九三八年、五四〜六二頁。


【プロフィール】

一九八四年大阪府生まれ。評論家・近現代史研究者。単著に『防衛省の研究』（朝日新書）、『超空気支配社会』『古関裕而の昭和史』『文部省の研究』（文春新書）、『天皇のお言葉』『大本営発表』『ふしぎな君が代』『日本の軍歌』（幻冬舎新書）、『空気の検閲』（光文社新書）、共著に『教養としての歴史問題』（東洋経済新報社）、『新プロパガンダ論』（ゲンロン）などがある。

おわりに

本書は、通州事件をめぐるさまざまな問題について、関連資料をもとに検証し、これまで不明確であった事件の全容に迫った。本書の内容をまとめると以下のとおりになる。

古くから首都北京の防衛の要とされた通州は、一九三〇年代に入り、日本の中国侵略が始まると、北京の隣という地理的特徴から、改めて軍事的重要性を帯びるようになった。

通州に冀東政権が成立すると、支那駐屯軍は通州城内に兵営を置き、軍事拠点のひとつに定める。この支那駐屯軍の行為は、日中双方が正式に結んだ北京議定書や塘沽停戦協定に違反していた。また、当時通州は満洲から天津に流入するアヘンの密輸ルートの途上にあり、通州に住む日本居留民のなかには、アヘンやヘロインを取り扱う者がいた。

盧溝橋事件が勃発すると、通州には前線に向かう支那駐屯軍の作戦部隊や軍需品を輸送する部隊が出入りをする。

日中戦争が進展し、通州周辺で散発的な戦闘が起きると、華北に向けて日本国内や満洲から続々と増援部隊が派遣された。しかし、急速な戦局の変化により、部隊同士の情報共有が充分にできていなかったのだ。その結果、関東軍飛行機が味方である保安隊を誤爆してしまう失態を犯してしまった。

戦後、日本ではこの誤爆が原因で通州事件が起きたといわれ続ける。しかし、保安隊はもともと抗日意識があり、軍統や中共から謀略工作を繰り返し受けていた。さらに、保安隊は通州事件を前に通州城内の日本居留民の家屋に目印をつけるなど、反乱に向けた準備を周到に進めていたのだ。よって、実際は誤爆という偶発的な原因だけで通州事件が起きたとは考えにくい。

保安隊の不審な動きは、早くから通州領事館警察が察知していた。だが、日本軍と冀東政権は保安隊を信用し、何ら手立てを講じなかった。そのため、日本側は通州事件を未然に防ぐチャンスを逃してしまう。

通州事件が発生すると、日本軍通州守備隊は、保安隊に機先を制されて集中砲火を浴びる。その間に保安隊は通州を占拠し、逃げまどう日本居留民を次々と殺した。その凄惨な殺害の様子は、生存者の証言によって明らかにされる。

通州事件が起こると、保安隊を監督する立場にあった支那駐屯軍司令部は狼狽し、いちじ、通州事件を隠蔽しようと動いた。結果的に、支那駐屯軍司令部が通州事件の対応に手間取ったことで、救援部隊への連絡が遅れ、事件の被害を拡大させてしまう。

前線に向かっていた萱嶋部隊が通州に救援に駆けつけたとき、すでにそこに保安隊の姿はなく、通州城内には日本居留民の遺体があちらこちらに散乱していた。

通州事件では、日本居留民に大きな被害が出たほか、通州に住む中国人住民の一部も家を追われ通州城外に逃れる。通州を復興させるために結成された通州治安維持会は、通州城内への帰還を怖がる中国人住民に対し、食糧を配給することで、日本軍への警戒心を解いた。その結果、通州事件が起きてから一ヶ月ほどで、廃墟と化した通州はほぼ元の姿に戻ったのである。

通州事件が起きたことの責任をたどると、その一端は、保安隊を統制できていなかった日本側にあった。現地で通州事件の外交的処理にあたっていた森島守人参事官は、通州事件の責任問題が尼港事件のときのように日本の国会で取り上げられ、陸軍大臣の進退問題に発展しないよう、早急に解決を図ろうとしたのだ。

森島は再建された冀東政権側と話し合い、冀東政権側に責任を全面的に認めさせ、被害者遺族らに対する弔慰金と慰霊塔の建設用地を提供させる。のちに弔慰金は遺族にそれぞれ支払われたが、その金額を見ると、日本人はおおむね高額であったのに対し、朝鮮人は日本人の半分以下でしかなかった。当時、朝鮮人は「皇国臣民」として日本人と対等に扱われているはずであった。だが、実際にはこの事例のように不当な扱いを受けていたのである。

通州事件の現地日本軍の最高責任者だった支那駐屯軍の香月司令官は、事件の責任が支那駐屯軍の側にあると認識していた。しかし、その一方で香月は杉山陸軍大臣に対し、通州事件は一種の天災であり、日中戦争全体でみても局部的なできごとであると述べて、遺憾の意の表明を拒絶し、自らの責任を認めなかったのだ。

今の日本でも、世間を揺るがせる大きな不祥事が起きたとき、その最高責任者が自己の責任を認めないことがしばしばある。通州事件の責任を逃れた香月の行為は、日本人特有の無責任体質を象徴しているといえよう。通州事件をめぐるこの香月の責任問題は、歴史的に厳しく問い直さなければならない。

これだけで終わっていたら、通州事件は日本が主たる原因を作り出し、暗に責任を認識しつつも、その後、一転して被害者の立場になって事態を収拾し、責任を一方的に冀東政権に押しつけて賠償金を得るというマッチポンプ（自作自演で利益を得ようという意味の和製英語）のような事件であったと評価できよう。しかし、日本は自らマッチでつけた火を消すどころか、新聞を使ってさらに大きく燃え上がらせた。

通州事件が日本の主要各紙で報じられると、日本国民は事件の動向に関心を向ける。日本軍は外務省とともに、国民政府の宣伝工作に対抗するため、報道機関を統制して、国内外に向けて、通州事件を反中プロパガンダの道具としたのだ。

日本国内では、各紙が扇情的な見出しや凄惨な現場を写した報道写真を添えて通州事件を大々的に伝え、日本国民の反中感情に火をつける。これ以後、八年にわたる日中戦争を続けさせた戦争支持の日本国民の世論は、通州事件を境に揺るぎないものになった。日本は自らの意思で日中戦争を泥沼化させていく。

そして、通州事件が起きてから時が過ぎても、日本では通州事件の犠牲者を弔う追悼式典の様子などの記事が新聞や雑誌に掲載され、慰霊という形で、通州事件が人々の記憶のなかに残り続けた。

通州事件で肉親を失った被害者は、戦後になってもその記憶に悩み続け、彼らの考え方や思想にまで影響を受ける。

戦後日本では、通州事件の評価をめぐる論争が繰り返された。そして近年、日本の保守系の一部から、通州事件を利用して中国を批判する言説が出る。彼らは通州事件で日本居留民を殺害した中国人である保安隊の残虐性を強調しているが、これは戦前、日本軍や外務省、日本の主要紙による通州事件を使った反中プロパガンダと変わらない。

しかし、最後まで本書にお付き合いいただいた読者であるなら、通州事件を利用して日本人の反中感情を煽っても、何らよい結果にならないことはおわかりいただけたであろう。本書がその気づきとなれば幸いである。

あとがき

本書を加筆訂正しているさなか、ロシア軍のウクライナ侵攻が始まった。戦いが長期化するなか、ウクライナ東部などで地元住民を標的にした虐殺事件が起こる。通州事件から八五年、戦争が再び虐殺を生み出した事実を目の当たりにし、憤りを通り越して怒りを覚えた。

このような世界情勢にあって、本書を刊行することは、戦争とそれによる虐殺がいかに悲惨で罪深いものであるか、それを止める戦争反対の決意がいかに大切かを広く訴えかける点で、きわめて意義をもつのではないか。

古代ギリシャの歴史家トゥキディデスは、『戦史』のなかで、ペロポネソス戦争を引き合いに、「歴史は繰り返す」ことを主張した。だが、それから二〇〇〇年以上が過ぎ、さまざまな経験をしてきた我々には、もう「繰り返さない歴史」があってもよいのではないだろうか。それこそが、本当の人類の叡智だ。

本書の作成にあたっては、編集担当の平林氏にたいへんお世話になった。また、皇學館大学文学部国史学科助教の長谷《はせ》川《がわ》怜《れい》氏には、毎度ながらいくつもの的確なアドバイスをいただいた。そして、拙ゼミ生の小《お》川《がわ》真《しん》くんには、資料の文字起こしなど骨の折れる作業を手伝ってもらった。この場を借りて感謝を申し上げる。

最後に、通州事件で犠牲となった日中双方の将兵、日本居留民、中国人住民にこの書を捧げる。

通州事件から八五年目の夏を迎えて　広中一成

資料編

櫛渕久子インタビュー

一、樺甸での幼少時代

――本日は、昭和一二年七月二九日に発生した通州事件でご両親を亡くされた櫛渕久子さんに、事件にまつわるお話をうかがいます。早速ですが、櫛渕さんは東京のお生まれとうかがいました。

櫛渕：はい、生まれは東京なんです。父（鈴木郁太郎―広中注）は山形県出身で、母（鈴木茂子―広中注）は群馬県です。ふたりとも山深いところで生まれたので貧乏でした。それから父は東京に出て書生となって、独学で医者になったんです。母はおそらく働きながら産婆と看護婦の資格を取ったと思います。私はその両親の私生児として東京で生まれたんです。貧乏で日々の生活も苦労していたふたりは、開業して実力で生きていくしかなかったんです。それには新天地の満洲に渡るしかなかったのでしょう。それで私が三歳の頃、一緒に満洲に渡りました。

櫛渕久子にインタビューをする筆者

――ご両親はなかなか厳しい状況に置かれていたんですね。ご家族は満洲のどちらに行かれたんですか。

櫛渕：はじめは大石橋というところです。

――それはお父様が軍医で、そこで軍医のお仕事をしていたからですか。

櫛渕：完全な軍医ではなくて、開業医と軍医とごちゃ混ぜになったような感じなんですよ。でも、父方の祖父は「軍医だ」と言ってました。

――それなら、お父様は軍のお仕事もやってたんでしょうね。

櫛渕：そうですね。開業医だけれども軍の仕事も委託されてやってたのかなと思うんですけど、詳しくはわからないんです。父は満洲に行く前に国鉄で仕事をしていたと聞いたことがあります。国鉄の病院が東京にありまして。みんなあとから聞いた情報なので不確かなのですが。

父方の叔父が大石橋ところにあった陸軍の飛行場長をしていたと聞いたことがあります。そのつてで、父は大石橋に行ったのかもしれません。それからまもなくして、吉林省の樺甸というところに移りました。それも叔父のつてのようです。そこでは地方の豪族の家を接収したか、借りるかしたりして、診察室とか簡単な手術室を建て増ししたんです。私たち家族もそこに住みました。その頃には、中国人の何鳳岐さんが両親の手伝いに来てくれていました。

――そうですか。その大きなお屋敷で病院を開いたんですね。

櫛渕：ええ、開業医にしては随分大きいんですよね。その建物は、地方豪族の家の典型的な形でしたね。周りを土塀で囲んで、頑丈な裏門には太いかんぬきが通っていて、広い中庭もありました。

――日本の大きなお寺のような感じですか。

櫛渕：そうですね。父は病院を表門の方に建てて、庭を造ったり、玄関とか門も置きました。

――その病院に来た患者さんは日本人の方ですか。中国人の方もいらっしゃったんですか。

櫛渕：樺甸に日本人は本当に見かけませんでした。満鉄から離れていたので、日本人の居住区はなかったと思います。

――では患者さんは中国人だったんですね。

櫛渕：ほとんど中国人でしたね。父は小学校の校医などもしていて、人気者でした。

――地域のみんなに慕われていたんですね。

櫛渕：ええ、運動会とかにも呼ばれて、みんなに賞品を配ったりしていました。来賓競争に呼ばれたときは、父はちょっと太っていたものですから、一番びりっけつを走っていてみんなが拍手して応援してくださって、盛り上がりました。盛り上がったわりにはかっこ悪かったですけど。

――それは中国人の学校の話ですよね。

櫛渕：はい、日本人の学校はなかったですから。

――やはり、お父様は中国人の社会のなかに溶け込んでいたということですね。

櫛渕：普通に溶け込んでましたね。母親は看護婦と産婆の免許を持っていて、日本人が外で歩くのは本当に危ないことなんですけど、産婆さんとして呼ばれて夜通し出産に立ち会っていました。お母さんがいないと言って私が泣くと、父がその毛のたくさん生えた大きな手で私の頭を押さえて、「泣くな。明日には戻る」と言うんです。でもいちばん心配してたのは父だったと思います。

――櫛渕さんは、何鳳岐さんにお世話されていて、かわいがられていたそうですね。

櫛渕：ええ、姉のような、もうひとりの母親のような存在でした。両親とも中国語がわからなかったんですが、何鳳岐さんは日本語もわかって、中国語もわかりますでしょう。なんか医学の勉強もなさってたんじゃないかと思うんですよね。

――日本語ができるってことはどこかで勉強されたんでしょうね。

櫛渕：そうでしょうね。満洲には日本人が建てた地元の人も入学できる医学校があって、そこで勉強なさったんじゃないかなと思います。かな文字も書けましたし、もちろん漢字はよく知ってましたし。

――優秀な方ですね。

櫛渕：本当に優秀な方でした。

――樺甸の辺りにはほかに病院はあったんですか。

櫛渕：いいえ、全く無かったと思います。

――そこに病院建てたわけだから、地域の人みんながお父様の病院に行ったんでしょうね。

櫛渕：そうですね。父と街を歩くと、皆さんが袖のところに手を通して、中国伝統のあいさつしてくださるんですよ。本当に礼儀正しくしていただいて。

――本当に地域に溶け込んだ方なんですね。

櫛渕：そうですね。母親と一緒に歩くと「お産婆さんのおばちゃんがきた」と子どもたちが中国語で叫んでニコニコ笑ったりして。

――私たち戦後世代だと、なかなかイメージがわかないんです。戦場の激しい体験ばかりあったんだと思ってしまう。戦争体験ばかりではなくて、落ち着いた日常もあったということですね。

櫛渕：医者ということで喜ばれたと思いますね。

――ご両親は中国に対してどのようなことをおっしゃっていましたか。

櫛渕：中国の人のなかには、立派な絵を描く人や立派な字を書く人とか、学者さんがいらっしゃって、尊敬できる人が何人もいると言ってました。

――近所の中国人の方とも付き合いはあったんですか。

櫛渕：ありましたね。よくコーリャンとかトウモロコシで作ったお団子みたいなのを持ってきてくださって、それを食べて下痢した記憶があります。

近所の人もみんな貧しい人ばかりだったので、病院に来てもお金を払えない人が多かったんです。そうすると、ナマズとか卵とか、ニワトリの殺したのとか、あとよくキジを持って来てくださいました。お団子とかはおそらくそういう形で持ってきてくださったのかな。父はお金は入らなかったのにお医者さんができたってのは、やっぱり軍医だったからでしょうね。

――軍医であれば、軍から何かしらのお金も入るでしょうし、日本人だからというのでいろいろと優遇もあったでしょう。

櫛渕：樺甸みたいなあんな不便なところで、薬局もないのに、それでも病院にはちゃんとお薬はいっぱいありました。

――薬があるってことはどこかから仕入れてるんでしょうね。

櫛渕：そうでしょうね。仕入れてきたか、奉天の陸軍病院からもらってたかわかりませんけど。

二、危険と隣り合わせの生活

――お父様と日本軍との関わり合いが結構あったようですね。

櫛渕：そのようですね。そもそも吉林には軍人さんが多くいましたし。日本はシベリアの国境に要塞かなんかを作ったときに吉林の農民をたくさん追い出し、その土地を取り上げてとても酷いことをしたらしいですね。平頂山《へいちょうざん》事件では、三〇〇〇人以上の中国の農民が殺されて埋められたとかいいます。〈1〉

――国境線のところにあった大きな要塞といえば、虎頭《ことう》要塞ですね。〈2〉

櫛渕：ゲリラも多かったですね。

――なんか危ない目にあったんですか。

櫛渕：ありました。私がいくつぐらいのときだったか。ゲリラはコーリャンが生い茂るころになるとよく出るんですね。「中庭に出てはいけないよ」と、父からきつく注意されたことがありました。

――「中庭に出てはいけないよ」とは、どういうことですか。

櫛渕：外で遊んでると鉄砲の弾が飛んでくるからって。中庭にあるブランコに乗りたかったんですけど。

――でも、自分の家の庭に出ちゃいけないってことは、すぐ近くにゲリラがいたってことなんですかね。

櫛渕：多分そうなんでしょうね。それで、そのあと夜になって、兵隊さんがこっそり病院に運ばれてきてました。朝起きると異様な物音と異様なにおいがして、ケガをした人が運ばれてきてるのがわかったんです。その人たちが治療を終えて歩けるようになると、中庭に出て、ぐるぐる包帯巻いたまま歩く練習していました。

――それは日本人の兵隊ですよね。

櫛渕：そうです。大変なケガをした人は奉天に大きな陸軍病院がありますからそこへ直送されたんだと思います。

――先ほど、子どものときにゲリラがいるから中庭に出て遊んではいけないよと言われたとおっしゃっていましたが、それでは、いつもどんな遊びをしていたんですか。

櫛渕：近所の子と外へ出て遊んではいけないって言われてました。人さらいが来るからって。でも、お隣に女の子たちがいましてね、いちどこっそり飛び出して、牛小屋みたいなところでおままごとした記憶があります。その後こっぴどく父親から怒られましたよ。

――危ないと。

櫛渕：そう、危ないって。だから、ひとりで本を読んだり絵を描いたりしていました。

――やっぱり危ないんですね。いくら日本軍がいたところであっても、ゲリラがいたり人さらいがいたりして危なかったんですね。

櫛渕：非常に危ないところにいたんだと思うんですけど、自覚は全然なかったですね。

そういえば、外へ出た記憶がほかにもありましてね、それは白系ロシアの人が大きなパン工場を経営していて、その人に連れられて、その人のお宅へ遊びに行ったことがありました。

――それは、誰かと行かれたんですか。

櫛渕：はい、父とです。たぶんそのロシア人は、父の患者さんの一人だったと思います。奥さんがよくベッドから落っこちたと言って、父が呼ばれてました。

――本当にお父様はあっちこっち行ていろんな患者さんを見て、毎日忙しい生活をされたんですね。

櫛渕：そうですね、そのたぶん白系ロシアの人と何語で話をしていたのかしら。ドイツ語かな、よくわからないですけど。

――奉天とか長春とか、満洲の大きな街は行かれたんですか。

櫛渕：父に連れられていちどだけ行った記憶はあります。けれども、だいたいは父だけが行って、お土産にチョコレートとビスケットを買ってきてもらってました。

――手土産が今と変わらないですね。

櫛渕：そうですね。もしかしたら、陸軍病院だったのかも知れません。

三、両親と末妹を失う

――そのような樺旬の生活から、どうして通州に移ることになったんでしょうか。

櫛渕：それが詳しくはわからないんですよね。ずっと樺旬にいれば、絶対あんな事件にあわなかったと思います。何鳳岐さんも通州までついてきてくださって。本当にひどい目にあわせてしまいました。

――それが一九三七年でしたよね。通州に移られたのが盧溝橋事件のちょっと前ですか。

櫛渕：そうです。その年の春に行って、夏に通州事件があったんです。父たちがなんで通州に行ったのかわからないというのは、そもそも私はその二年前に小学校に入るからと日本に戻っていたからです。

――樺旬にまだご両親といらっしゃるときに、帰国されたんですね。

櫛渕：はい。母の家まで一緒に送ってきてくれました。樺旬の家を出発するとき、おままごとして遊んだお隣の友だちが馬車を追いかけてきて。もう一生懸命追いかけてきて。追いつけないとわかったらワアッと泣いてくださって。今でも感動します。なんであれほどに別れを惜しんでくれたのかなと。

――ああいった時代ですから、いくら隣の子であっても、今みたいに自由に交友できないでしょうね。

櫛渕：おそらく、父や母が隣近所の方といい関係にあったからだと思います。

――ご両親と離れて寂しかったのではないですか。

櫛渕：はい。両親が通州に行く前、私に手紙が来ましてね。毎年春になったら、必ず父か母が交代で行くからって、約束だったんです。だから事件のことを知ったときには、もういっぱい泣いたことを覚えています。

――ご両親が亡くなる前に、手紙ではどのようなやりとりをされましたか。

櫛渕：父は通州に永住する気だったのかもしれません。通州に病院を建てると言って見取り図みたいのを描いて手紙で送ってきてくれましたね。ここが病院で、ここが手術か何かをするところとか。

でも、やっぱり父は半分軍医だったんでしょうね。東京にいた父方の祖父に連れられて、おそらく通州にいた軍人さんだと思うんですけど、ちょっと偉そうな方のお宅にうかがったことがあるんですよ。

――それはいつですか。

櫛渕：私が一四歳のときです。その軍人さんがうちの父のことを、「一介の軍医のくせに生意気を抜かすな、ぶった切るぞって言ったら、やつは真っ青な顔して手をブルブル震わせてた」って侮辱したんですよ。父はそんな軍人さんの治療をしていたのかと思いました。

当時の軍人は神である天皇の次に偉かったんです。その軍人の命さえ鳥の羽より軽いとされました。父の命など無いに等しかったんですね。

――軍に脅されていたんですね。櫛渕さんは、通州事件が起きたときは日本にいらっしゃいましたが、事件のことはどのように知ったのですか。

櫛渕：最初はみんな教えてくれなかったんですよ。新聞やラジオで知ったんですけど、私には隠してたんですよね。

私が事件を知ったのは夏休みの登校日で、学校に行ったら異様な雰囲気なんですよ。友達がみんな私の顔を見て、ひそひそひそひそ言ってますし、先生方もじーっと私を見つめてましたし。遠くから見てる先生もいました。なんか異様な雰囲気だったんです。おかしいなあとか思って、家へ帰って自分で新聞を見てわかったんです。両親のことが新聞に出てたんですね。

――新聞にご両親の写真が載っていて驚かれたんじゃないですか。

櫛渕：そこには妹も写ってましたが、それがあまりに強い衝撃を受けると記憶に残らないんですね。

何時間かたってからの記憶ですけれど、一人で泣きながら山の滝の方へ駆け上がっていった記憶があります。それで夕方になって家に帰りました。

――どなたと一緒にお住まいになってたんですか。

櫛渕：祖父母と住んでました。あと伯父や伯母とも。

――その方たちは事件について何とおっしゃっていましたか。
櫛渕：伯母はおそらく新聞を読まない人でしたから、どこで聞いたかちょっとわかりませんけれど、村の人たちにより詳しく話してました。
――村の人も通州事件のことを知って、心配していろいろと聞きに来てたんですね。
櫛渕：そうですね。家には当時としては珍しくラジオがありました。父がプレゼントしてくれたものなのですが、伯母はそれを聞いて話をしたんだと思います。「母親が殺されて赤ん坊が流れ出てた」だとか、「妹は地べたに叩き付けられて屋根に放り上げられた」とかそういう話をしてました。
――それをラジオで聞いたということですか。
櫛渕：おそらくそうです。伯母は私たちと血が繋がってなかったから、遠慮ないんですよ。そのおかげで、私は事件の本当のことが聞けたんです。祖父はばったり寝込んでしまっていました。
――その伯母さんの話をお聞いて倒れたんですか。
櫛渕：いいえ、祖父はラジオや新聞で知ったんでしょう。
――それくらい衝撃だったんですね。
櫛渕：ショックだったと思います。母はひとり娘でしたから。私が母の自慢するのはおかしいですけど、村の人から茂子さんという人は本当に頭がいい人で、走るのも早いし、お裁縫するときも本を読みながら浴衣一枚ぱっと縫い上げるとか。母のいろいろなことを聞かせてもらって、母は私の自慢の人でした。

――事件が起きた後で、新聞の取材とかきましたか。

櫛渕：はい。来て写真を撮られて、新聞の取材とかきましたか。地方の新聞に載ったことがありました。

――日本軍の方は来られましたか。

櫛渕：いえ、軍からは来ませんでした。新聞社の人だけです。それ以降の軍関係はさっき話をした将校さんと、あとは軍関係といえるかはわかりませんが、頭山満《とうやまみつる》〈3〉が大きなお葬式をいたしました。おそらく百何十人くらいの。

――慰霊祭ですね。

櫛渕：慰霊祭だったんでしょうね。東京の大きなお寺でしてくださいました。そのとき、遺族を代表して祖父があいさつをしました。

――何年に開かれた慰霊祭ですかね。

櫛渕：私が五年生の時ですから、事件が起きてから二年後ですね。

――それで東京のお寺に行かれたと。

櫛渕：はい。そのときに初めてお骨が帰ってきたように思うんです。お骨は父のが一つ、一箱きただけでした。

――では、いまはお墓にお骨があると。

櫛渕：はい。東京の多摩の墓地に祖父たちのお墓とならんで、父、母、紀子の墓があります。

――その慰霊祭には誰と参加されたんですか。

櫛渕：伯父伯母夫婦と、東京にいた父方の祖父とでした。

――慰霊祭は、東京では増上寺というのが、現在東京タワーのすぐ近くにあって、そこで何回か慰霊祭が開かれたんです。そのとき、殷汝耕の日本人の奥様が参加されたと記事で見たことがあるんですが、櫛渕さんは、殷汝耕さんにはお会いしたことがありますか。

櫛渕：はい。会ったことあります。

――そのことを少しおうかがいしたいんですが。お会いしたのは東京ですか。

櫛渕：はい。東京です。

――事件のあとですね。

櫛渕：もちろんそうです。私が一四歳のときですから、一九四二年です。祖父が連れてってくれたんですよ。先ほど軍人さんのところに行った話をしましたが、その同じ日でした。

――どんな印象でしたか。

櫛渕：立派な人でした。おかしな言い方ですけど、背が高くて恰幅がよくて品がよくて初めてこんな立派な人を見たな、って感じの人でした。あの頃の私は、まだ人の内面まで見る力はなかったものですから。

――殷汝耕さんの奥様とか、ご家族とかはいらっしゃったんですか。

櫛渕：はい、いました。奥さんが第二夫人って言われてたんですけど。どうして第二夫人と言われているのかはわかりません。

私が思うに、中国では生まれたときに親同士で結婚相手を決めてしまうでしょう。その人が戸籍上の第一夫人になって、彼女が第二夫人だとか。

――どうなんですかね。彼は日本で留学してるときに日本人の奥様と結婚したんですよ。それで第二夫人というのもおかしいですね。

櫛渕：おかしいですね。

――家は大きかったんですか？

櫛渕：大きかったですよ。

――私が何かの本で殷汝耕さんの家を見たことあるんですけど、大きな立派な豪邸で高円寺にあったらしいです。殷汝耕さんとはどういうお話をされました？

櫛渕：祖父が一人で話していて、殷汝耕さんは黙って聞いてました。殷汝耕さんは祖父を見るより私の方をじっとみていらっしゃいましたね。私も一生懸命観察していたんですよ。お互いに観察していた感じでした。

帰り際に夫人が刺繡をあしらった美しい箱をくださって、「お元気でね、達者で暮らしてくださいね」と背中を撫でてくださいました。優しい方だなって思いました。奥さんも品のいい方でしたよ。

四、中国人に命を救われたふたりの日本人

――少し話が進んでしまったので、少し戻しますが、通州事件では妹さんは生き残ったんですよね。

櫛渕：そうです。下の妹の節子は何鳳岐さんが必死に助けてくださったのです。
――どういう経緯で妹さんが助けられたんですか。
櫛渕：東京の祖父に聞いた限りでは、中国の兵隊が家に攻め込んできて、詳しくはわからないですが、父がとにかく引っ張られて行ったんです。それで母と妹たちはもしかしたら家で殺されたんじゃないかということでした。母は一番下の妹をだっこしてましたから。
――ご兄弟は、久子さんと、妹さんと、まだ下にもうひとり妹さんがいたんですね。
櫛渕：はい。一番下に紀子がいます。
――三人姉妹ですか
櫛渕：はい、そうです。
――一番下の妹さんはそこで殺されて亡くなったんですか。
櫛渕：おそらく、母はそこで一番下の妹の紀子と一緒に殺されたんではないでしょうか。すぐ下の妹は節子というんですけど、せっちゃんが後になって「紀子ちゃんは頭を割られて投げられた」としばらく言い続けたそうです。
――ということは、節子さんは紀子さんが投げられたところを見てたんですかね。
櫛渕：見てたのかもしれません。それで、おそらく何鳳岐さんが飛び込んできて、「私の娘です」といって兵隊の腕から下の妹を助け出してくれたのかなとって祖父は言ってました。祖父も詳しいことはわからなかったのではないでしょうか。
――それで節子さんは何鳳岐さんに匿ってもらったんですね。

櫛渕：そうです。必死で助け出してそして何時頃かよくわからないですが、家から外へ飛び出してコーリャン畑にしばらく隠れていたらしいんです。

――ふたりででですか。

櫛渕：そうです。それで妹が日本語で泣き叫んだりすると危険だからって、口を押さえていたと聞いたことがあります。あと、何鳳岐さんは妹のためにお水をもらいにいってくださったり、コーリャン畑とかアヘン窟で何日か過ごしたりしたようです。ご飯をどうやって食べたかは聞いていないんですが。それで、数日後に妹は日本軍に引き渡されて、そこから祖父に連絡がいったらしいですね。妹はこのことの記憶がないそうです。

――そうなんですね。このとき、節子さんはおいくつでしたか。

櫛渕：数え五つと言っていましたから、四歳ですね。

――やっぱりまだ小さいから、記憶ないのかもしれないですね。

櫛渕：もしかして忘れようとして忘れてるのかもしれないですね。

その後、妹は二年あまり東京の祖父の家で過ごしました。祖父から聞いた話ですが、妹はしばらくの間、「お家に帰る」、「何鳳岐さんに会いたい」と泣いてばかりいたそうです。祖父が「何鳳岐さんに電話したら、もうじき車でお迎えに行きますと言ってたよ。だから泣くんじゃない」と言うと、家の前をめったには通らない車が通るたびに、妹は無我夢中で家を飛び出して車の後を追いかけていったそうです。

それが、あるときからプツンと言わなくなってしまいました。それらすべてを忘れてしまったのです。「神様が忘れさせてくれたんだよ。あんなに泣いてばかりいたら、生きておれぬ」と、祖父は私に言いました。

――妹さんは本当に辛い体験をしたんですね。ほかに通州事件に遭遇した方でお知り合いはいらっしゃいますか。

櫛渕：安藤利男さんですね。お会いしたのはずいぶん経ってからでした。私が五五歳くらいになってからです。

――安藤さんが通州を飛び出して、起きたことを新聞で発表したから、事件のことが世に広まったんですよね。それはどういうきっかけでお会いになられたんですか。

櫛渕：安藤利男さんと妹夫婦が知り合いでした。妹の夫が安藤さんを見つけ出して、ふたりでよくお話ししてたようです。

私、いちど安藤さんにお話聞きたいと思って訪ねて行ったことがあるんですよ。私がお目にかかったとき、安藤さんはおいくつだったか。かなりのお年だったと思いますが、かくしゃくとしてらっしゃいました。動作もきびきびしていていらして、危ない体験を生き抜いてきたという印象でした。

――安藤さんからはどういうお話をうかがったんですか。

櫛渕：はじめに、安藤さんにコンタクトしようと思って電話したんです。そうしたら安藤さんは何かの取材だと思ったらしく、いきなり怒り出したんです。「うるさい。なにをほじくり返そうとするんだ。わしから何を聞き出そうというのか」というような意味で怒ったんです。

でも、私はそれを聞いて、「これは脈があるな」と思って、ノコノコ出かけて行ったんです。

――怖くて聞けないのではなく、逆に脈があるなと思ったんですか。

櫛渕：はい。これなら昔の安藤さんと今の安藤さんと二人の安藤さんのはなしを聞くことができるなって思ったんです。

――お会いして、通州事件の遺族だってことを安藤さんにお伝えしたんですよね。

櫛渕：はい。それでいろいろお話がうかがえましたよ。安藤さんは数珠つなぎにつながれていたときに、縛られていた縄をほどいたそうです。彼は中国語がわかるんですよ。「ああ、これは殺されるな」って。はじめは、「どこか安全なところに連れて行くから」と言って引っ張り出されたらしいんです。けれど、それが嘘だとわかると、走り出してクリークに飛び込んだって言ってました。

――クリークに飛び込んだんですか。

櫛渕：はい。クリークといったらもう水が淀んでいるところで、安藤さんはその真っ黒な汚いお水のところへ飛び込んで、水をがぶがぶ飲みながら、泳いだのだそうです。それで逃げられたんですね。

そうしたら、そこまで中国人の農民が幾人か追いかけてきたんだそうです。なんで追いかけてきたかわかんないけど、日本人だから捕まえて差し出せば何かになると思ったんでしょうか。それで、時計を投げたり、お財布からお金を出して遠くへ投げたり、もうありとあらゆるものを投げて、もう裸同然で最終的に水車小屋みたいなところにたどり着いたのだそうです。

それで、安藤さんがそこに飛び込んだら、ボロボロの服を着た親子がいて、安藤さんにコーリャンのお粥を食べさせてくれたり、ズボンの破れたところを繕ってくれたりしたそうです。それでも汚れているからって、その親子は、もう一着しかないと思える中国服を安藤さんに着せて、「これを着て北京へ行け。お前は中国語が達者だから誰も日本人だとは思わないから、早く行け」と言って助けてくださったそうです。安藤さんは目を真っ赤にしてそのときのことを私に話してくださいました。

――一歩間違ったら、殺されたかも知れなかったですからね。

櫛渕：そうですよね。

――安藤さんは通州事件のことをどのようにおっしゃっていましたか。

櫛渕：通州事件についてはニつの面で見ていたそうです。一つは残虐なこと、一つはヒューマニティなこと。けれど、伝わったのは残虐なことだけで、中国の人に助けられたってことは消されてしまったということでした。

――今の日本でも、残虐な視点だけで事件を見る向きがありますね。

櫛渕：そうなんですよね。

――中国のことを悪くいいたいがために、通州事件の残虐性を強調しようとする。確かに資料を見たらそういう面もありますが、何鳳岐さんに助けられた節子さんや、安藤さんみたいなこともあって、別に通州にいた日本人のすべてが中国人に殺されたのではなく、助けられた方もいたわけです。私はそのことも本で書きました。

櫛渕：私もはじめのうちは、親兄弟を殺されたので、悔しい気持ちでいました。でも、何鳳岐さんがいてくださったから妹は生き延びたんだとわかったとき、歴史を勉強しなくちゃいけないなと思ったし、そのなかで、歴史は片面だけで動いているわけではなくて、もう片方もしっかり見ないといけないと思いました。

――そう、片方だけ見るとか、良い悪いだけで判断してしまうと、ちゃんとしたこと見えなくなる。

櫛渕：見えなくなりますね。それはやっぱり安藤さんもそのことで悩まれたと思います。だからこそ私が電話したときに怒ったんだと思います。えらい剣幕で怒鳴ってましたから。あ、安藤さんはちゃんと見ているんだとわかって嬉しかったですよ。

安藤さんや私の妹、何鳳岐さんや水車小屋の親子など、地位とかお金とかとまったく縁のない人たちが繋がって、争いのない世界を作っていくことはとても重要だと思います。どんな時代でも恐怖や憎しみを煽り立てて、人をバラバラにしていくことは許せません。私は、身をもってその恐ろしさを体験したんです。こんな恐ろしい体験を誰にも味わわせたくありません。今回の私の証言が参考になれば幸いです。

（インタビューは二〇一七年六月一八日に行った―広中注）

〈1〉満洲国成立から約半年後の三二年九月一五日夜、奉天省（現遼寧省）の撫順炭鉱が抗日ゲリラの襲撃にあう。これに対し、日本軍の撫順守備隊は、近くの平頂山村の住民が抗日ゲリラに手を貸したとして、彼らを一ヶ所に集めて機関銃で殺害した。亡くなった数はおよそ三〇〇〇人といわれる（田辺敏雄『追跡　平頂山事件』、図書出版社、一九八八年、八頁）。

〈2〉虎頭要塞は、ソ連国境沿いの黒龍江省東部にあった日本軍の要塞。四五年八月九日、ソ連軍が満洲国領内に侵攻すると、同要塞を守備していた第一五国境守備隊は、要塞の地下に潜り、二六日に玉砕するまで抵抗を続けた（服部卓四郎『大東亜戦争全史』、原書房、一九六五年、九六七‐九六八頁）。

〈3〉頭山満（一八五五‐一九四四）は、明治から昭和期の日本の国家主義者。一八八一年、福岡に玄洋社を創設し、大アジア主義を唱え、日本の大陸進出を支持した。日露戦争前より対外強硬外交を主張する一方、孫文やビハリー＝ボースなど革命家を支援した。特に彼は、孫文の革命運動をとおして中国のナショナリズムに同情し、満洲事変で日中両国が決定的な対立をしたことを深く憂慮した（葦津珍彦の主張、普及発起人会編『昭和を読もうシリーズ⑤』葦津珍彦著『大アジア主義と頭山満』、葦津事務所、二〇〇五年、一九七‐二〇五頁）。

加納満智子インタビュー

一、支払われた補償金

――今日は加納満智子さんに通州事件のことをうかがいに参りました。加納さんのお父様は事件でお亡くなりになり、お母様は大けがをされたとうかがいました。

加納：私は自分では意識はしてなかったんですけど、やはりずっといつも心の奥にあったんです。普通にいろいろ話していて、両親の話とかそれから家族の話になるとどうしてもいちばん最初に通州のことを思ってしまいます。常に私のなかでは、私は通州と同居してたわけです。

父は三重県の伊勢の生まれで、母は東京でした。でも母の本家は伊勢にあったんですよ。それで、母はずっと東京で暮らしてたんですけど、女学校に入った頃、東京を引き払って伊勢に行ったんですよ。伊勢の縁はそこからあるんですよね。

父は兄弟が多かったんです。良二という名で次男だったんですけど、長男の人が子どもの頃に亡くなったんで、事実上の長男でしたね。父の両親、私から見たらおじいさんとおばあさんですけど、そのふたりも早くに死んでるんです。だから、父は結婚する前から両親を失っていて、結局は兄弟全部の親代わりをやらなきゃいけない立場だったんです。それで、日本にいるより満洲に行ったほうがいいんじゃないかということで、ロ利きで行ってしまったのではないでしょうかね。

――お母様は事件で背中に銃撃を受けたんですよね。

加納：そうです。背中からです。流れ弾ですよね。狙って撃たれたわけじゃないようです。真夏ですから傷の状態もよくなかったんですね。それで、天津の病院に収容されるまでに一週間くらいあったんじゃないですかね。その間別に治療してるわけじゃないし化膿してかなり重篤になってしまいました。それから少しして、伊勢の日赤病院に移りました。背中に流れ弾の破片が三つほど埋まっていて、手術で取りきれず、体内に残っていました。

ところで、今回インタビューを受けるので、家を整理していたら、こんな資料が出てきました。

――これは満洲棉花協会の資料ですね。（封筒を開ける―広中注）補償書ですね。一八〇〇円とある。

加納：そう、補償金だと思います。初めて見ました。

――通州事件で被害を受けた日本人に補償金が支払われたという記録〈1〉があるんですが、この資料はそれを裏づけるものですね。

加納：たぶん、そのとき支払われたことを証明するものですね。

――ちゃんと払われてるんですよね。

加納：そうですね。これは叔母の分です。

――叔母さんも亡くなってるんですね。

加納：そうなんです。これが、死亡通知書。

――死亡通知書ですか。これも貴重な資料です。

加納：あと、父の写真もあります。

――かなり若い頃ですね。

加納：そうですね。父が亡くなった状況はわかっているんです。冀東政府の官舎っていいますか、あそこで安田さんの宿直を代わって父が行きました。藤原さん（藤原哲円―広中注〈2〉）が父を見つけたとき、父のこめかみに弾が当たって死んでたそうです。

安田さんは次の日に奥さんを連れて天津の病院に行く予定だったようなんですね。それでその前の日だからそれじゃ僕がってことで父が代わったようなんです。

二、なぜ通州事件国民集会に参加したか

――加納さんは、先日靖国神社であたらしい歴史教科書を作る会が開催した国民集会に参加されたとうかがいましたが、それはなぜですか。
加納：その方たちの事情はどうあれ、日中関係の歴史に私なりの関心を持ってたんですね。太平洋戦争の本があると、一目散に昭和一二年のところを見てしまいます。母は当時のことは何も話さなかったし、私も聞かなかったんですが。でも、学校の歴史の授業があると、やはりそこが気になってしまいました。

それでそういう話題に敏感に反応するんですね。それで、たまたまユネスコの負の遺産（世界記憶遺産〔世界の記憶〕―広中注）に申請したということを知ったんです。それを従弟が話してきて。息子もお母さんは資料とか持ってるし、そこに連絡したいならパソコンで調べるよっていってくれたんです。ダメもとでもいいから、父の日記帳もあるしそれを見てもらったらと。私が死んでしまえば、日記帳もはっきり言ってゴミになってしまうし。

そういう気持ちで新聞に出ていた電話番号に連絡したら、皿木さん（皿木喜久―広中注）からご連絡いただき、一連の動きになったんです。

――なかなか、体験者みずから手を挙げることはないから、作る会の方も驚いたでしょう。

加納：私も若い頃は、仕事で日々追われていたので、通州事件といってもなかなか頭に思い出すこともなく、話すこともなかったんです。母も事件でひどい目にあったのに、背中のここが痛いとか言ってくれれば、そういうことがあったんだねとか言えたんですが、そういうのも本当に言わず。もしかしたら母は言ってたのかも知れないけど、私が小さくて気づかなかったのでしょうか。

でも、私も少しずつ年を取り、後先のことを思ったりすると、事件のことを考えるようになったんです。やはり自分のなかでわだかまりがあって、そういうところの話だけ聞いてもらえばそれでいいかと。そんな気持ちで連絡したんです。

――実際に行かれていかがでしたか。

加納：行ってちょっとびっくりしました。おじさまばっかりで。

――会場には何人くらいいたんですか。

加納：三〇〇人くらいかな。

――三〇〇人ですか。それはすごいですね。

加納：すごいでしょ。おじさんばかりでしたが。もちろん、女性も少しはいらっしゃいましたよ。

――そのなかでお話されたんですね。

加納：そうです。今みたいに私から話すのではなく、質問されて答える感じです。だって多くの人の前で自分から話すことなんてあんまり経験ないでしょ。聞かれてるうちに、だんだん思い出してきたりして。

――中国側の残虐性を強調した質問があったと耳にしました。

加納：そうです。目をくり抜いたとか表現が、えって思いました。まさかって思いますけどもあの方たちは、そういう風に信じてやってらっしゃるし、それはそれでしょうがないと思いました。

藤岡先生（藤岡信勝―広中注）もそう思っていらっしゃるのでしょうが、私としてはもう一歩も二歩も引いた気持ちなんです。ただ、私のなかでは事実を事実として知っていただきたいだけですし、それ以上も以下もありません。娘として父と母がそのときどういう気持ちだったか。それが気になっています。

――国民集会にお出になられたときに、中国に行きたいという気持ちもないとおっしゃられていたそうですが。

加納：はい、そうなんです。両親の気持ちはどうだったのかは気になりますが、わざわざ行こうとは思わないんですよ。それというのは、やっぱり父親に対してあまりイメージが無いんですね。会ったことも無いし。母も父と結婚して七ヶ月くらいだったので、私に父を語るものも少ないんですね。父親としての夫を知らないわけですから。だからお父さんはこうだったとかお父さんが生きてたらこうねっていう話は記憶にはないんです。

――ご両親は結婚後まもなくして通州事件にあわれたんですね。お見合いですか。

加納：そうですね。父が棉花協会で仕事をしていたときに、母と写真でお見合いしたんです。それで、結婚式をあげるので、父が日本に戻って伊勢神宮のそばにある猿田彦神社で式を挙げたんですね。新婚旅行をかねて奉天に行ったと聞きました。それで奉天に半年くらいいて通州に転勤になり、一ヶ月後に事件があったんです。通州には父だけじゃなくて四、五人と一緒に。

――棉花協会の人まとめてですね。

加納：ちょうど綿花を植え付けかなんか指導かなんかあったんじゃないですか。時期的に。

――それで、事件前に周辺の状況が怪しくなって、みんな安田公館に避難したんですよね。

加納：そう。あの藤原さんの話。藤原さんがそのことを克明に書いてますね。〈3〉

――この証言集はとても貴重ですよ。

加納：生き残った遭難者が書いておくべきだと松田省三さんがおっしゃっていて、母も証言を残したんです。すでにそのとき母はもう癌でダメだったんですね。この本ができる前にもう息を引き取っていて見てないんです。だからかなり無理して書いてるんですね。先ほども言いましたが、私は事実を知っていただければいいだけで、そのあと周りの人がどう解釈するかは私の及ぶところではないんですね。活字になると私の手から離れてしまうから。そういう怖さはあります。〈4〉

三、形見の日記帳

――国民集会では、お父様が遺した日記帳も公開されたとうかがいました。

加納：はい。私の形見です。

――凄まじいですね。

加納：ここに穴が開いていますが、ここにグルグルと弾丸が通ったんですね。棉花協会の社宅にあったものを藤原さんが形見にと持ってきてくださったんです。

――（日記帳を手にとって―編集者注）こちらから銃弾がグルグルと入ってきたんでしょうかね。

加納：そうですね。貫通することなく途中で止まったんですね。分厚いから。

――（日記帳を慎重に開ける―編集者注）日記帳だから何かいろいろと書いてありますね。

加納：そうなんです。当時のレコードの値段とかわかります。

――通州に行ったときのことは書いてありますか。

加納：それはないです。通州に行く前のこと。奉天での生活のことですね。

――当時の生活を知る資料としてもおもしろいですね。それにしても弾の痕が生々しい。

加納：このあたりのページがひどくて。国民集会のときも見せたんですが、この部分でみなさんうわっとかおっしゃっていました。

集会でみなさんの前で話すことで私の気持ちも一区切りつけて、おしまいとしたかったんですよ。公の場に出て話すのもこれでおしまいとします。

（インタビューは二〇一七年一一月一九日に行った―広中注）

形見の日記帳を開く加納

〈1〉本書第三章参照。

〈2〉藤原哲円は、満洲棉花協会主任の安田秀一とともに冀東植棉指導所に派遣され、通州で優良な種子を増殖するための指導にあたっていた（藤原哲円「通州事件回顧録」、江上利雄編『通州事件の回顧』、無斁会、一九七一年、五頁。

〈3〉同右、一三頁。

〈4〉松田省三は、元満洲棉花協会常務理事で、通州事件で生き残った藤原哲円と浜口茂子に回想録を執筆させた（同上、二頁）。

関連新聞報道

一、「私の子」決死のうそ

「赤ちゃんだった妹がその時どうなったかと思うと、つらいですね」。通州事件で生き残った鈴木節子さん（八四）＝東京都在住＝を八月末に訪ねると、遠い記憶をたぐり寄せながら、話をしてくれた。

節子さんは事件当時、三歳十カ月。通州で医院を開いていた父都太郎さん＝当時（三五）＝と母茂子さん＝同（三二）＝妹紀子さん＝同（一つ）＝との幸せな生活は事件で暗転した。両親と一緒だった紀子さんは、医院を襲撃した保安隊らに拉致され、三人ともコーリャン畑で殺された。

節子さんもその場にいた。だが、保安隊が迫ってくると、住み込みの看護婦だった中国人の何鳳岐さんが不意に節子さんを抱き、「私の子供です」と言い張った。

何さんは当時二十一歳。医院で助手をしながら、産婆などで忙しい母親に代わり、節子さんたちも、何さんを母のように慕っていた。そんな間柄とはいえ、保安隊にうそがばれれば、命さえ危うい。

何さんの決死の機転のおかげで、節子さんは難を逃れた。二人でコーリャン畑に逃げ込み、数日間、事件が収まるのを待った。その後、何さんは節子さんを日本軍に引き渡してくれたという。三歳とあって事件後の経過の記憶は薄い。ただ「薄暗いようなところを歩き、薄暗いようなお家に入って、何かもらったような…」と話す。事件の衝撃が大きく、「記憶が飛んだのかもしれない」とも。

その後、連絡を受けて迎えに来た祖父と帰国。東京で暮らした。戦中、何さんから時折、電話が来たことを覚えているという。祖父からは「何さんは後から日本に来るから」と聞かされ、信じて待ち続けた。

母方の親戚が住む群馬県に移り住むと、事件について思い出すことも少なくなった。戦後、看護師となり、家庭も築いた。ただ、事件のことは「体に染みついていた」。何さんのことも忘れたことはなかった。

一九七二年に日中の国交が正常化された後、七七年には、新聞で「何さんの行方を知りたい」と呼び掛けてもらった。日中友好団体に問い合わせ、事件現場から脱出した記者にも会った。だが、有力な情報は得られなかった。戦中、日本人と良好な関係だった何さんは戦後、大変な境遇に置かれた、とのうわさも聞いた。節子さんは「迷惑がかかるかも」と後ろめたさもあり、それ以上、捜すことはあきらめた。

周囲に通州事件を知る人はおらず、事件の資料を「お守りのように」手元に置き続けるしかなかった。そんな今、話そうと思ったのは、何さんへの止めどない思慕からだ。「本当に、助けてもらいました。母親と思うぐらいべったりでした。優しい人でしたね。会えなかったことは残念ですが、死ぬまで思い続けると思います」

二、二二五人犠牲「通州事件」 憎むべきは戦争

節子さんの姉・櫛渕久子さん（八九）＝滋賀県在住＝は事件の約二年前、小学校に通うために帰国していた。

一九三七年の夏休み、登校日に学校へ行くと周囲が自分を見る目が何かおかしい。家に帰って新聞を見ると、両親の写真が載っていた。小学三年生でも、大体の内容は理解できた。「殺されたんだ」。打ちのめされた衝撃から、やみくもに走り出し、気がつくと近くの滝に飛び込んでいた。

久子さんが二歳のころ、一家は満洲の大石橋という街に移り住んだ。その後、樺甸という街に。そのころの生活は幸せな記憶に彩られている。患者は中国人が多く、父は慕われていた。中国語は分からなかったが、現地の子どもたちと一緒にままごと遊びをし、日本に帰国する時には、泣きながら馬車を追い掛けてきた。だが、そこは「戦地」でもあった。ゲリラ兵との戦いで傷ついた日本兵が真夜中に運びこまれてきたこともあった。

何さんとの思い出は、久子さんがたくあんを食べ残した時のことをよく覚えている。何さんはたくあんを食べて歯を見せ、「硬い物を食べないと歯が丈夫にならない」と教えてくれた。

事件については当初、両親や妹を殺した中国人に対し、はらわたが煮えくり返る思いだった。しかし、歴史に関する本などを読むうちに「当時、日本軍にひどい目に遭わされていた保安隊員だっていたはずだ」と考えるようになり、憎しみは薄れた。残ったのが「何さんの

ような立派な方がいた」との思いだった。

師範学校に通い、小・中学校の先生となり、戦後は生活に追われた。久子さんが事件について証言を始めたのは、つい最近だ。そのきっかけは昨年九月、自分の子供に、病気で先立たれたことだった。「自分自身、心がめちゃくちゃになるぐらい苦しむ中で、ふとあの戦争で子どもを亡くしたお母さんたちの苦しみを思ったのです。苦しい思いを二度と皆にさせてはいけないと…」。当時を思い出すことは、涙が出るほど苦しい作業だったが、書くことや集会を通じて語り継ぎ始めている。

一方、通州事件に注目する別な動きがある。「新しい歴史教科書をつくる会」は昨年六月、事件の記録を国連教育科学文化機関（ユネスコ）の記憶遺産に登録申請したと発表した。「つくる会」は事件を中国人による「残虐行為」と強調。二〇一五年十月、中国が申請した「南京事件」資料が記憶遺産に登録されたことを受けたことへの対抗措置であることを隠さない。

実際はどんな事件だったのか。通州事件を実証的に研究し、昨年末に著書「通州事件—日中戦争泥沼化への道」（星海社新書）をまとめた愛知大非常勤講師の広中一成氏（中国近現代史）は、ことさら感情的に事件の残虐性を強調する姿勢を疑問視する。

広中氏によると、事件直前、保安隊に反乱の予兆があったが、現地の日本軍は見過ごした。事件後も軍部は当初、事件を隠蔽しようとしたが、一転して大々的な報道を容認し、反中感情をあおったという。広中氏は「事件は日中戦争で日本軍最初の失敗だったが、それを覆い隠すために、中国への敵対心をあおり、憎しみの連鎖を生んだ。それによって、当時の戦争支持の世論は揺るぎないものになったと言える。事件は歴史的な文脈で捉えるべきで、日本人が無残に殺害されたことばかりにこだわっては、事件の実像を捉えることはできない」と主張する。

久子さんと節子さんの姉妹も「憎むべきは戦争」という思いで一致する。

節子さんは言う。「中国人に対して憎しみなんてない。要するに戦争は駄目」。久子さんも「保安隊に狂気をもたらしたものはいったい何だったのか。その歴史をひもとく必要がある」と強調し、歴史を直視するように訴える。「憎しみをあおり立てる愚かなことをもう二度としては駄目です。そうした行いが、もはや戦争の一部に違いないのですから」

初出：『東京新聞』二〇一七年九月一〇日 朝刊26–27面『こちら特報部 225人犠牲 通州事件 肉親を失った姉妹 ある中国人への思慕』

三、「通州事件」遺族の思い　事実だけ知ってほしい

「私の中では通州がいつも『同居』していました」。東京都練馬区で飲食店を営む加納満智子さん（八〇）は落ち着いた口調で語り始めた。

事件後に生まれた満智子さんに、事件についての直接の記憶はない。ただ、母・浜口茂子さんは生前、私家本に事件前後の経緯を詳細に書き残していた。

父・浜口良二さんは「満洲棉花協会」から「通州植棉指導所」に派遣された綿花栽培の指導者。優良品種を増殖する研究に従事しており、農民指導のため、事件の約一カ月前に奉天

（瀋陽）から通州入りした。前年に結婚したばかりの茂子さんは妊娠していた。

通州の日本人は事件前から、不穏な空気を感じ取っていた。事件前夜、茂子さんは冀東政府の一連の施設がある通州城内の「安田公館」と呼ばれる官舎に一緒に身を寄せていた。一緒にいたのは良二さんの同僚の安田秀一さんと臨月の妻・正子さんら日本人十人。良二さんは宿直で、少し離れた政府庁舎内にいた。

七月二十九日午前四時ごろ、突然、銃声が鳴り響いた。茂子さんらは応接室に身を隠したが、保安隊が押し入って銃を乱射した。相次いで銃弾に倒れる中、茂子さんは弾を背中に受け、正子さんも弾が下腹部から足を貫通して失神した。茂子さんはかすむ意識の中、腹を蹴られた気がするが、二人とも死んだと思ったのか、そのまま立ち去った。

十人中八人が死亡。生き残った茂子さんと正子さんは意識を取り戻し、銃撃によるけがと身重の中、窓を乗り越えて建物の外に出て、必死で飲み物や食べ物を探して命をつないだ。

三十一日になり、救援に来た日本軍に助けられた。良二さんは庁舎内で亡くなっていたことを知る。享年二十八歳。眉間に銃弾を受け、「文芸春秋」を脇に抱えていたという。遺髪を受け取った時のことを「あふれる涙をとめるすべもなく、私は声を忍んで、思いっきり泣いたのでございます。しかし、取り乱してもの笑いになるようなことはいたしませんでした」とつづっている。

茂子さんと正子さんはその後、天津の病院に運ばれ、正子さんはまもなく美智子さんを出産。茂子さんは背中の傷口が化膿し、重篤な状態だったが、治療を受けた後、良二さんの実家の三重県伊勢市に戻った。その約三ヵ月後に出産。良二さんがあらかじめ決め、満洲の「満」から取った「満智子」と名付けられ、「良二の忘れ形見」と大事に育てられた。

満智子さんが一歳ごろ、奇跡の生還を果たした二組の母子が再会した。その時の写真からは、少し前に凄惨な事件に巻き込まれたという面影は読み取れない。

四、祖父の死利用しないで

満智子さんは茂子さんから、事件そのものの話を聞いた記憶がない。

終戦間際、茂子さんは伊勢で教職を得た後、一九五二年、地元の東京に戻り、檜原村の小学校に勤務。乳がんを患って、六八年に五十二歳で亡くなった。

この間、銃弾の一部は茂子さんの体内に残ったまま。そのことを満智子に「健診ごとにぎょっとされる」と語る時には事件に触れた。だが満智子さんは傷跡の痛みを訴える姿も見たことがないという。

「生々しすぎて話せなかったのでしょう。私にも決して弱いところを見せなかった」

父・良二さんについて話してくれた記憶もないが、結婚前に書いていた父の日記帳が残っている。日記の内容は、レコードを買った話などたわいないが、事件を示すように銃弾が貫通した跡がある。「これが父の形見。父を実感できるもの」と、タオルにくるんで大切に保管している。

満智子さんは建築事務所などで働いた後、結婚して息子を出産。約四十年前に飲食店を開いた。この間、通州事件のことが頭を離れず、新聞を読んでも「通州事件」の文字を探してしまう。事件を知る人も少なく、寂しい思いをしてきた。

一年ほど前、新聞記事で通州事件の記録が、国連教育科学文化機関（ユネスコ）の記憶遺産に登録申請されたことを知った。申請を支援する保守系団体に連絡をとると、集会で話をする機会を与えられた。しかし、遺体の状況など事件の残虐性を強調する雰囲気に違和感を覚えた。

満智子さんは「満州に渡った当事者たちは純粋な気持ちだったと思うが、結果的には中国を侵略したことになる。純粋な気持ちが純粋なまま受け取られたか、というと違ったかもしれない。私は事実を事実としてだけ知ってもらいたい。それ以上でも、それ以下でもないんです」と訴える。

一方、「こちら特報部」は、祖父の死が「通州事件」によるものと、つい最近知った元幼稚園教諭の嶽村久美子さん（六七）＝福岡市＝からも話を聞くことができた。

嶽村さんの母の熊本県の実感では、祖父・甲斐厚さんが軍服で白馬にまたがった写真があり、「立派な死を遂げた」と聞かされて育った。だが一年ほど前、通州事件について書かれた本を読み、祖父の死の真相を知った。

当時、厚さんは陸軍の特務機関の少佐。新聞は「甲斐少佐の居室に入れば少佐が軍刀と拳銃を両手に持ち鉢巻姿そのまま壮烈な戦死を遂げていた」（三七年八月五日付東京朝日新聞）と伝えていた。親戚の集まりで話題に上がることはなかったが、これが真実だった。

「本当のことを知りたい」と嶽村さんは防衛省図書館や靖国神社にも行った。靖国神社には厚さん直筆の短歌があった。「死場所を得たる君なり山桜花いさきよく散れとこそ思へ」などの三句。「死が美化されている」と感じた。

事件当時九歳だった母（八九）は現在、福岡市内で一人暮らし。あらためて事件について母に尋ねたが、父を亡くした時の気持ちなどは語らなかった。「天皇陛下のために亡くなったとして、自分なりに解決して生きてきたのだろう。死後、特進で中佐になったことが影響されたのかもしれない」

通州事件を実証的に研究する愛知大非常勤講師の広中一成氏（中国近現代史）は「甲斐中佐は通州事件の被害者の一人として当時、英雄視された。ご家族にとっては亡くなられたことはショックだった反面、軍人の身内として誇らしさもあったのではないか。ただ戦後、日本軍の侵略性が指摘され、家族が発言することは、はばかられるようになったのでは。事件発生から八十年、家族が語れるようになったのは、この事件が歴史になりつつあることを示している」と話す。

嶽村さんは、中国人の残虐性をあおり立てる右派の言説に眉をひそめる。

「祖父は『肥後の甲斐ここにあり』と勇敢に叫びながら亡くなったというが、妻や子供のことを思って亡くなったのではないでしょうか。天皇の名の下に命を奪われ、今後は中国たたきに利用されることは、祖父の死を踏みにじるものだと思います」

初出：『東京新聞』二〇一七年十二月三日 朝刊28‐29面『こちら特報部　通州事件　遺族の思い』

五、日中友好　通州事件　遺族の渡辺さん

「事件のことは頭から心から、ずっと離れずにいました」。熱海市の自宅を訪ねると、田鶴子さんはそう切り出した。

事件当時、田鶴子さんは生後わずか半年、父木村重充さんは二九歳。当然、重充さんに関する記憶はないが、母小夜子さんや、祖母千賀さんから事件の話を聞かされて育った。

事件現場の通州は、日本のかいらいだった冀東防共自治政府が治めていた。重充さんは政府の「諮議」に就いていた。「諮議」とは、政府の政策を審議したり、相談に応じたりする立場だったとみられ、日本人も中国人もいた。

もともと重充さんは、中国人留学生のために創設された「東亜高等予備学校」（東京・神田）の教員だった。三三年、官費留学生として北京大学に二年間の留学が許可され、当地で暮らしていた小夜子さんと出会った。小夜子さんは、北京で「春名医院」を開業する正修さんの一人娘。三六年秋、東京の「椿山荘」で盛大な結婚式を挙げた後、三七年一月、北京で田鶴子さんが生まれた。

重充さんは東亜高等予備学校での仕事を愛してやまなかったが、正修さんは、初孫となる田鶴子さんを手元から離したがらず、冀東政府の「諮議」の仕事を見つけてきた。小夜子さんは後に重充さんのことを「留学生に教えているのが好きな人だった。とにかく役人に向かないタイプの人だった」と振り返った。

田鶴子さんが正修さんから聞いた話によると、事件発生直後から北京でも煙が確認され、正

修さんは数日後にようやく、「決死隊」として通州入り。重充さんの遺体を見つけたのは政府庁舎の裏の花畑だった。

小夜子さんは事件からまもなく、田鶴子さんを祖父母に預けたまま、一人で日本に向かった。数年後に北京へ舞い戻ってきたが、口をつぐんだままだった。田鶴子さんは「母は私の顔を見ると、事件のことを思い出してつらかったからではないか」と推し量る。

戦後の小夜子さんは「父親を奪ってごめんね」と何度も謝った。田鶴子さんが三人の娘を産んだ際には、繰り返し言って聞かせた。「自分の都合で、お婿さんの仕事を決めたりしては絶対にいけないよ」

小夜子さんは作家の男性と再婚し、子どもに恵まれた。七十代のころ、「北京追憶」と題した小冊子を百部ほどつくって家族らに配ったが、十代の楽しい思い出がつづられている一方、事件については一切触れていない。小夜子さんは二〇一四年、九十九歳で息を引き取った。

初出：『東京新聞』二〇一七年一〇月二九日 朝刊28－29面『こちら特報部 通州事件 遺族の渡辺さん 日中友好 砕かれた父の願い』

参考文献一覧

●未公刊史料（著者・作成者五十音順。以下同じ）

・外務省情報部「支那事変ニ於ケル情報宣伝工作概要」、一九三八年九月、外務省記録「支那事変関係一件輿論並新聞論調」所収、外務省外交史料所蔵、JACAR（アジア歴史資料センター）、Ref. B02030585100

・在天津日本総領事館北平警察署通州分署「在通州居留民（鮮人）人名簿」、「辻村資料（3）昭和一二年八月　通州居留民関係書類綴　支那事変の部」所収、防衛省防衛研究所戦史研究センター所蔵

・在天津日本総領事館北平警察署通州分署「在通州居留民（内地人）人名簿」、「辻村資料（3）昭和一二年八月　通州居留民関係書類綴　支那事変の部」所収、防衛省防衛研究所戦史研究センター所蔵

・支那駐屯軍兵站部通州兵站司令部「自昭和十二年七月二十四日至昭和十二年九月十日　陣中日誌」、「辻村資料（1）自昭和一二年七月廿四日至同年九月十日　通州兵站司令部陣中日誌」所収、防衛省防衛研究所戦史研究センター所蔵、JACAR、Ref. C11111441400-C11111441900

・支那駐屯軍兵站部通州兵站司令部「自昭和十二年七月　七月二十九三十日　於通州付近　戦闘詳報」、「辻村資料（2）自昭和一二年七月廿九日至同年七月卅日　通州事件の戦闘詳報　支那事変の部」所収、防衛省防衛研究所戦史研究センター所蔵、JACAR、Ref. C11111442100-C11111442300

・上海大使館附武官発次官次長宛秘（A作）第一〇〇号、陸軍省「昭和十二年　陸支密大日記　第十一号」所収、防衛省防衛研究所戦史研究センター所蔵、JACAR、Ref. C04120102000

・朝鮮総督府外事部「昭和十四年　通州事件遭難者見舞金関係綴」、大韓民国国家記録院所蔵、Ref. CJA0002354

・「虐殺の巷通州を脱出して（同盟通信社特派員　安藤利男）」、一九三七年一〇月、外務省記録「本邦対内啓発関係雑件　講演関係　日本外交協会講演集　第三巻」所収、一九三七年一〇月、外務省外交史料館所蔵、JACAR、Ref. B02030917700

・「通州慰霊塔建設ノ為陸軍時代ノ寄附ニ関スル件」、一九三九年八月一七日、陸軍省「昭和一四、九、七－一四、九、二三　陸支普大日記（普）第九号２／２」所収、防衛省防衛研究所戦史研究センター所蔵、JACAR、Ref. C07091281100

●日本語文献

（書籍）

・荒牧純介『痛々しい通州虐殺事変』、私家版、一九八一年
・安藤利男『通州兵変の真相　安藤同盟特派員流血脱出手記』、森田書房、一九三七年
・五十嵐智友『歴史の時間とジャーナリストたち　朝日新聞にみる20世紀』、朝日新聞社、一九九九年
・今井武夫『支那事変の回想』、みすず書房、一九六四年
・今村均『私記――一軍人六十年の哀歓』、芙蓉書房、一九七〇年
・臼井勝美・稲葉正夫羅『現代史資料9　日中戦争2』、みすず書房、一九六四年
・臼井勝美・稲葉正夫編『現代史資料38　太平洋戦争4』、みすず書房、一九七二年
・内川芳美編『現代史資料40　マス・メディア統制1』、みすず書房、一九七三年
・内川芳美編『現代史資料41　マス・メディア統制2』、みすず書房、一九七五年
・大川正士『大東亜建設史』、三崎書房、一九四二年
・岡田芳政・多田井喜生・高橋正衛編『続・現代史資料12　阿片問題』、みすず書房、一九八六年
・外務省編『明治百年史叢書　日本外交年表並主要文書　下巻』、原書房、一九六六年
・笠原十九司『平凡社ライブラリー876　増補南京事件論争史　日本人は史実をどう認識してきたか』、平凡社、二〇一八年
・加藤康男『通州事件の真実　昭和十二年夏の邦人虐殺』、草思社、二〇一九年
・木村愛二『読売新聞・歴史検証』、汐文社、一九九六年
・国史大辞典編纂委員会編『国史大辞典　第九巻』、吉川弘文館、一九八八年

・熊野三平『「阪田機関」出動ス　知られざる対支謀略工作の内幕』、展転社、一九八九年
・小寺幸生編『戦時の日常　ある裁判官夫人の日記』、博文館新社、二〇〇五年
・小林龍夫・稲葉正夫・島田俊彦・白井勝美編『現代史資料12　日中戦争4』、みすず書房、一九六五年
・小林元裕『近代中国の日本居留民と阿片』、吉川弘文館、二〇一二年
・小林よしのり『新ゴーマニズム宣言SPECIAL　戦争論』、幻冬舎、一九九八年
・皿木喜久『通州の奇跡　凶弾の中を生き抜いた母と娘』、自由社、二〇一七年
・島田俊彦・稲葉正夫編『現代史資料8　日中戦争1』、みすず書房、一九六四年
・支那駐屯歩兵第二聯隊誌編纂委員会編『支那駐屯歩兵第二聯隊誌』、私家版、一九七七年
・清水安三『朝陽門外』、朝日新聞社、一九三九年
・上海虹橋路東亜同文書院第三十三期生旅行誌編纂委員会編『南腔北調』、上海虹橋路東亜同文書院第三十三期生旅行誌編纂委員会、一九三七年
・高木翔之助『冀東から中華新政権へ』、北支那社、一九三八年
・田辺敏雄『追跡　平頂山事件』、図書出版社、一九八八年
・寺平忠輔『盧溝橋事件――日本の悲劇――』、読売新聞社、一九七〇年
・梨本祐平『中国のなかの日本人』、同成社、一九六九年
・成田乾一・成田千枝『動乱を驢馬に乗って――大陸十五年の回想――』、私家版、一九八二年
・西井一夫ら編『毎日新聞秘蔵　不許可写真1』、毎日新聞社、一九九八年
・西岡香織『報道戦線から見た日中戦争――陸軍報道部長　馬淵逸雄の足跡――』、芙蓉書房出版、一九九九年
・新田満夫編『極東国際軍事裁判所速記録　第五号』、雄松堂書店、一九六八年
・日本国際政治学会太平洋戦争原因研究部編『太平洋戦争への道　第三巻　日中戦争〈上〉』、朝日新聞社、一九六二年
・秦郁彦『日中戦争史』、河出書房新社、一九六一年
・秦郁彦『溝橋事件の研究』、東京大学出版会、一九九六年

・服部卓四郎『大東亜戦争全史』、原書房、一九六五年
・林青梧『黄土の碑――関東軍に刃むかう日本人――』、光風社書店、一九七三年
・春原昭彦『三訂　日本新聞通史』、新泉社、一九八七年
・藤岡信勝『通州事件　目撃者の証言』、自由社、二〇一六年
・藤岡信勝・三浦小太郎編著『通州事件　日本人はなぜ虐殺されたのか』、勉誠出版、二〇一七年
・藤岡信勝・三浦小太郎・但馬オサム・石原隆夫編『新聞が伝えた通州事件　1937–1945』、集広舎、二〇二二年
・文化情報局編『外国新聞記者北支・満洲国視察旅行報告書』、文化情報局、一九三八年
・松村秀逸『三宅坂――軍閥は如何にして生れたか――』、東光書房、一九五二年
・無斁会『通州事件の回顧』、無斁会、一九七三年
・村田治郎『中国建築史叢考　仏寺仏塔篇』、中央公論美術出版、一九八八年
・森島守人『陰謀・暗殺・軍刀――外交官の回想』、岩波書店、一九五〇年
・山本武利『朝日新聞の中国侵略』、文藝春秋、二〇一一年
・『EIWA MOOK　日本人が知らなくてはいけない　通州事件80年目の真実』、英和出版社、二〇一七年
・『外務省警察史』第二九巻、不二出版、一九九九年
・『外務省警察史』第三七巻、不二出版、二〇〇〇年

（学術論文・コラム）
・井竿富雄「尼港事件と日本社会、一九二〇年」、『山口県立大学学術情報』第二号、山口県立大学学術情報編集委員会、二〇〇九年三月、一－一二頁
・笠原十九司「憎しみの連鎖を断ち切る　通州事件犠牲者姉妹の証言」、『世界』第九一七号、岩波書店、二〇一九年二月、二四二－二五三頁
・小林元裕「通州事件の語られ方」、『環日本海研究年報』第一九号、新潟大学大学院現代社会文化研究科環日本海研究室、二〇一二年、五七－六八頁

・都築久義「戦時体制下の文学者――ペン部隊を中心に――」、『愛知淑徳大学論集　文学研究科・文学部篇』第五号、愛知淑徳大学国文学会、一九八〇年一月、四九-七四頁
・中田崇「日中戦争期における中国国民党の対外宣伝活動（Ⅰ）」、『月刊　政治経済史学』第四三〇号、政治経済史学会、二〇〇二年七月、二〇-四九頁

（雑誌記事・手記・インターネット記事）
・櫛渕久子「れくいえむ⑥」、『月刊志賀』第二九二号、全日本年金者組合志賀町支部、二〇一五年一二月、五頁
・広中一成「通州事件が遺した爪痕　被害者遺族Kさんが語る事件とその後80年」、「ジセダイ総研」、星海社、二〇一七年七月五日、https://ji-sedai.jp/series/research/074.html、二〇二二年一月八日閲覧
・藤岡信勝「民族の受難　通州事件の研究（第一回）」、『正論』第五三六号、二〇一六年七月、一六二-一七四頁
・藤岡信勝「民族の受難　通州事件の研究（第二回）」、『正論』第五三七号、二〇一六年八月、一九五-二〇五頁
・藤岡信勝「民族の受難　通州事件の研究（第三回）」、『正論』第五三九号、二〇一六年一〇月、一六九-一八〇頁
・本誌編集部「通州事件80年　過ちは2度と繰り返させません…　国民集会リポート」、『正論』第五五一号、二〇一七年一〇月、二九二-二九五頁
・本多勝一「真因なる精神『ヒロシマ』は通州事件ではないか　日本人であることの重荷」、『朝日ジャーナル』一九九〇年九月号、九〇-九一頁
・吉屋信子「戦禍の北支現地を行く」、『主婦之友』第二一巻第一〇号、主婦之友社、一九三七年一〇月、四八三-四九四頁
・「北京市の行政機関、全体または一部が二〇一七年に通州へ移転」、『人民網　日本語版』、http://j.people.com.cn/n/2015/1126/c94475-8982336.html、二〇一五年一一月二六日、二〇二二年一月一五日閲覧
・「北京市副都心建設の詳細計画、重要な一歩踏み出す」、『AFP BB News』、二〇一九年一月一〇日、https://www.afpbb.com/articles/-/3205618、二〇二二年一月一五日閲覧
・「通州虐殺の惨状を語る　生き残り邦人現地座談会」、『話』昭和一二年一〇月号、文芸春秋社、一九三七年一〇月、

六－二五頁

（新聞）

・佐藤大「225人犠牲　『通州事件』肉親失った姉妹　ある中国人への思慕」、『東京新聞』、東京新聞社、二〇一七年九月一〇日

・佐藤大「こちら特報部　『通州事件』遺族の渡辺さん　日中友好　砕かれた父の願い」、『東京新聞』、東京新聞社、二〇一七年一〇月二九日

・佐藤大「『通州事件』遺族の思い」、『東京新聞』、東京新聞社、二〇一七年一二月三日

●外国語文献

英語

・Peter O'Conner, Japanese Propaganda: Selected Readings Series2: Pamphlets, 1891-1939 a collection in 10 Volumes, Global Oriental Ltd, 2005

・The Foreign Affairs Association of Japan, What Happened at Tungchow?, Kenkyusya Press, 1937

中国語

（書籍）

・王士立・鐘群在・趙競存・李宗国編著『唐山文史資料第二十一輯　二十世紀三十年代的冀東隠雲――偽〝冀東防共自治政府〟史略』、河北省唐山市政協文史資料委員会、一九九年八月

・陳恭澍『伝記文学叢刊之六十一　北国鋤奸（「英雄無名」第一部）』、伝記文学出版社、一九八一年

・通州区地方誌編纂委員会編『通県誌』、北京出版社、二〇〇三年

・南開大学歴史系・唐山市档案館合編『冀東日偽政権』、档案出版社、一九九二年

・馬光仁『中国近代新聞法制史』、上海社会科学出版社、二〇〇七年

・武月星・林治波・林華・劉友于『盧溝橋事件風雲篇』、中国人民大学出版社、一九八七年
・梁湘漢・趙庚奇整理『北京史研究資料叢書　北京地区抗戦史料』、紫禁城出版社、一九八六年

（学術論文・手記）
・于祥「回憶通州事件的前前後後」、中国人民政治協商会議河北省委員会文史資料研究委員会編『河北文史資料選輯　第六輯』、河北人民出版社、一九八二年九月、一四一－一四七頁
・于寧「一九三七年通州事件研究」、南京師範大学社会発展学院碩士論文、二〇一五年五月
・張慶余「冀東保安隊通県反正始末記」、『天津文史資料選輯』第二一輯、天津人民出版社、一九八二年一〇月、一〇二－一〇七頁
・張洪祥・高徳福・李成民「略論〝冀東防共自治政府〟」、『南開史学』第一号、南開大学出版社、一九八六年一月、一二一－一三三頁
・李慶輝「通州事件中的日本居留民問題―兼論近代日本対華移民政策的侵略本質」、『軍事歴史研究』総第一四一期、軍事歴史研究雑誌社、二〇二〇年二月、三八－四八頁

（インターネット記事）
・「中国人民抗日戦争紀念館二〇一九年財政予算信息」、「北京市人民政府」、二〇一九年二月二七日、http://www.beijing.gov.cn/gongkai/caizheng/czzt/2019ys/201906/t20190613_96487.html、二〇二一年一月七日閲覧
・「北京環球度仮区」、https://www.universalbeijingresort.com/zh_CN、二〇二一年一二月二九日閲覧
・「北京環球度仮区一期年遊客量将達到千万級　二期正在謀画建設」、『新浪財経』、二〇二一年一二月一日、https://baijiahao.baidu.com/s?id=1717949549805412815&wfr=spider&for=pc、二〇二一年一二月二九日閲覧
・「北京城市副中心控制性詳細規画（街区層面）（二〇一六年－二〇三五年）」、北京市規画和自然資源委員会、二〇一九年一月四日、http://ghzrzyw.beijing.gov.cn/zhengwuxinxi/ghcg/csfzxgh/201912/t20191213_1165343.html、二〇二一年一二月一八日閲覧

©T.Sugiura

広中一成

（ひろなか　いっせい）

1978年、愛知県生まれ。愛知学院大学文学部歴史学科准教授。2012年、愛知大学大学院中国研究科博士後期課程修了。博士（中国研究）。専門は中国近現代史、日中戦争史、中国傀儡政権史。著書に『「華中特務工作」秘蔵写真帖』（彩流社、2011年）、『日中和平工作の記録』（彩流社、2013年）、『語り継ぐ戦争』（えにし書房、2014年）、『冀東政権と日中関係』（汲古書院、2017年）、『牟田口廉也』（星海社、2018年）、『傀儡政権』（KADOKAWA、2019年）、『後期日中戦争』（KADOKAWA、2021年）などがある。

本書は『通州事件 日中戦争泥沼化への道』のタイトルで2016年に星海社新書より刊行されたものに、第4章とコラム1・4を加え、新たに資料編を付加したうえで、全面的に再編集を行なったものである。

志学社選書

008

増補《ぞうほ》新版《しんぱん》 通《つう》州《しゅう》事《じ》件《けん》

二〇二三年七月二九日　初版第一刷発行

著者名　広中一成《ひろなかいっせい》

発行者　平林《ひらばやし》 緑萌《もえぎ》・山田《やまだ》崇仁《たかひと》

発行　合同会社 志学社

〒272−0032 千葉県市川市大洲4−9−2

電話　047−321−4577

https://shigakusha.jp/

編集　志学社選書編集部

編集担当　平林緑萌

編集協力　長《ちょう》 伸行《のぶゆき》・鈴木舞海《まりん》・時田《ときた》栄子《えいこ》

組版　はあどわあく

装幀　川名《かわな》潤《じゅん》

印刷所　モリモト印刷株式会社

定価はカバーに表記しております。

Printed in Japan　ISBN978-4-909868-07-7　C0321

お問い合わせ　info@shigakusha.jp

志学社選書

002

大庭 脩

木簡学入門

漢簡研究の碩学による、「木簡学」への招待状。
不朽の基本書、ついに復刊——。

地下から陸続と立ち現れる簡牘帛書等の出土文字史料は、いまや中国古代史を研究するうえで避けて通れないものとなった。まとまった簡牘の獲得は二〇世紀初頭に始まるが、その研究が本格的に開始され、「木簡学」が提唱されるのは一九七四年といささか遅れてのことであった。著者は日本における漢簡研究の揺籃時代より、二〇〇二年に急逝するまでの半世紀にわたり「木簡学」分野における国際的なトップランナーのひとりであった。その著者が初学者に向けて著した本書もまた、初刊より三五年を経てなお朽ちぬ魅力をたたえた、「木簡学」の基本書である。

本体 : 2,500 円+税　判型 : 四六判　ISBN : 978-4-909868-01-5

志学社選書

003

大形 徹

不老不死

仙人の誕生と神仙術

人々はなぜ、“不滅の肉体”を求めたのか。

古代中国において、「死」は終わりではなく「再生のはじまり」でもあった。肉体が滅びても、「魂（精神）」は「鬼」となり、「死後の世界」で生き続けると考えられた。しかし、肉体が滅びてしまえば、この世では暮らせない。それに対し、“不滅の肉体”を持ち、いつまでもこの世に永らえるのが「不老不死の仙人」である。本書では、肉体の保存に対するこだわりから説き起こし、仙人の誕生、“不滅の肉体”を求めて狂奔する皇帝と跋扈する方士、そして、修行メニューである「服薬」「辟穀」「導引」「行気」「房中」についても詳述し、古代中国の死生観を鮮やかに解き明かす。復刊にあたり、書き下ろしで「霊芝再考」を収録。

本体 : 2,000 円＋税　判型 : 四六判　ISBN : 978-4-909868-02-2

志学社選書

004

木本好信

藤原仲麻呂政権の基礎的考察

真の「専権貴族」、藤原仲麻呂は何を目指したのか——。

天平宝字八年（764）九月、孝謙上皇によって御璽と駅鈴を奪取された藤原仲麻呂（恵美押勝）は失脚・滅亡し、ここに仲麻呂政権は終焉を迎える。最終的には皇権者との対立によって滅び去ったが、そのことはとりもなおさず、仲麻呂政権が「天皇専権」と相容れないものであったこと——つまり、真の意味で「貴族専権」であったことを示唆する。それでは、仲麻呂が目指した「貴族専権」国家とは、具体的にはいかなるものであったのだろうか。本書では、①仲麻呂と孝謙上皇、淳仁天皇、②仲麻呂と光明皇后、③仲麻呂と官人、④仲麻呂の民政、⑤仲麻呂と仏教、⑥仲麻呂と神祇の各視点から仲麻呂政権の特質を明らかにし、奈良朝における「天皇専権」と「貴族専権」のせめぎ合いの実相に迫る。復刊にあたり、史料の釈読を一部改めたほか、補註、旧版刊行後の研究動向を書き下ろしで収録。

本体：3,600円＋税　判型：四六判　ISBN：978-4-909868-03-9

志学社選書

005

平林章仁

雄略天皇の古代史

「進化論的古代史観」を克服した先に現れる、新たな雄略天皇像

雄略天皇の治世は、５世紀後半に比定される。中国史書に「倭国」として登場するこの時代の日本では、各地で巨大な前方後円墳が営まれ、豪族たちによる権力抗争が繰り広げられていた。倭王の権力は盤石でなく、ヤマト王権は豪族たちが連合して倭王を推戴する非専権的王権であった。そのヤマト王権を専権的王権へと発展させた人物こそが雄略天皇である、とする評価がある。しかし、雄略死後、王位継承は混乱し、武烈天皇の死後には王統が「断絶」、６世紀初頭には傍系から継体天皇が即位しており、単純に雄略朝を「画期」と評価することは難しい。本書では、『記』・『紀』の所伝、稲荷山古墳金錯銘鉄剣等の出土文字史料、そして中国史書から王権と豪族の動向を復原し、５世紀後半から６世紀前半のヤマト王権の政治史解明を試みる。果たして雄略朝は、ヤマト王権が豪族連合である「遅れた」政権から、より「進んだ」専権的王権へと「進化」する「画期」と評価できるのか。多角的なアプローチで、新たな古代史像を描き出す。

本体：3,300 円＋税　判型：四六判　ISBN：978-4-909868-04-6